こどもたちと楽《たの》しむ

知《し》れば知《し》るほど

お相撲《すもう》ことば

編著《へんちょ》＝『おすもうさん』編集部《へんしゅうぶ》
監修《かんしゅう》＝大山《おおやま》 進《すすむ》（元幕内大飛《もとまくうちだいひ》）、神永《かみなが》 曉《さとる》（辞書編集者《じしょへんしゅうしゃ》）

ベースボール・マガジン社《しゃ》

はじめに

いなす、うっちゃる、待《ま》ったなし、仕切《しき》り直《なお》し、ぶちかます……。
ふだんなにげなく使《つか》っていることばには、
実《じつ》は、相撲《すもう》が語源《ごげん》であるものがたくさんあります。
相撲《すもう》は国技《こくぎ》といわれ、日本《にほん》の伝統的《でんとうてき》な競技《きょうぎ》であり、
そして文化《ぶんか》でもあります。
歴史《れきし》は古《ふる》く、平安時代《へいあんじだい》に天皇《てんのう》が行《おこな》う
宮中行事《きゅうちゅうぎょうじ》としてさかんに行《おこな》われ、
江戸時代以降《えどじだいいこう》は、庶民《しょみん》の楽《たの》しみとして親《した》しまれてきました。
そのなかで、儀式《ぎしき》や競技《きょうぎ》という面《めん》だけでなく、
相撲《すもう》のことばも日本《にほん》の文化《ぶんか》として根《ね》づいてきました。
これほどにも多《おお》くの相撲《すもう》のことばが私《わたし》たちの日常《にちじょう》にあふれているのは
日本人《にほんじん》が相撲《すもう》を愛《あい》し、親《した》しんできたあかしではないでしょうか。

本書《ほんしょ》では、そんな相撲《すもう》に由来《ゆらい》することばを紹介《しょうかい》しています。
また、相撲界《すもうかい》だけで使《つか》われていることばや、
行司《ぎょうじ》・呼出《よびだ》し・床山《とこやま》のいわゆる相撲《すもう》の裏方《うらかた》さんたちが使《つか》う
専門用語《せんもんようご》や俗語《ぞくご》まで、〝ことば〟をテーマに
楽《たの》しいイラストとともに解説《かいせつ》しています。

知《し》れば知《し》るほどおもしろい相撲《すもう》の世界《せかい》を
〝ことば〟という窓《まど》からのぞいてみると、
きっと新《あら》たな相撲《すもう》の楽《たの》しみがみつかるはずです！

がっぷり四《よ》つ

もくじ

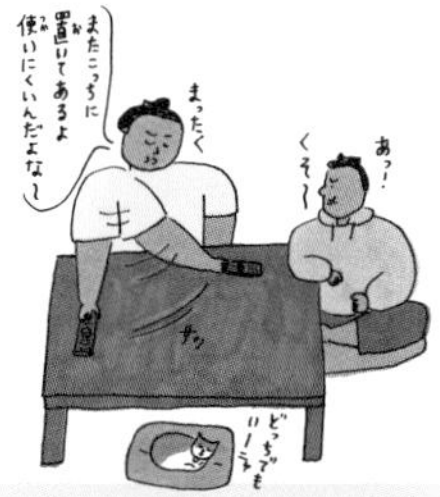

第《だい》1章《しょう》 お相撲《すもう》が語源《ごげん》のことば

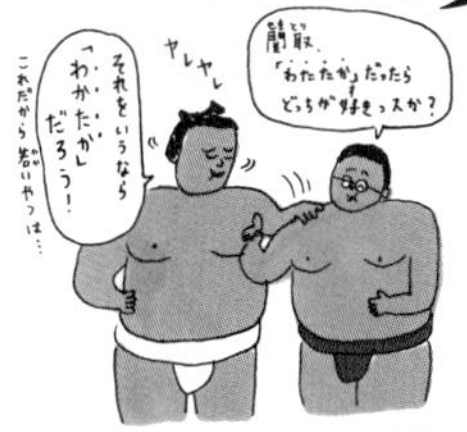

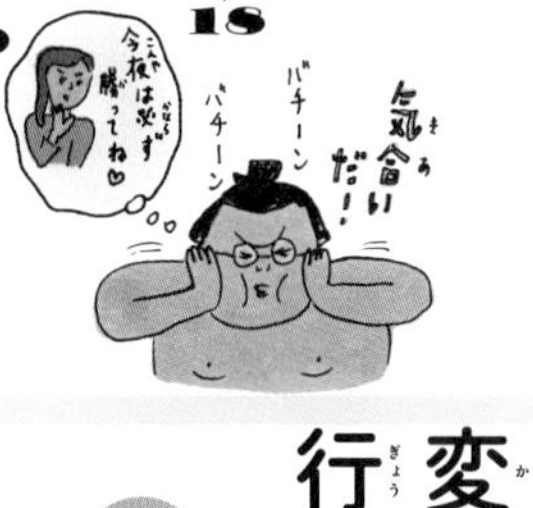

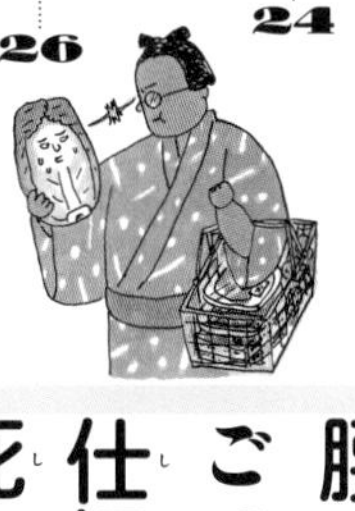

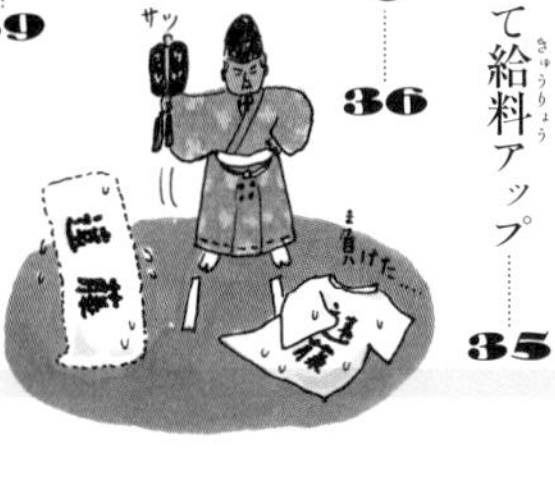

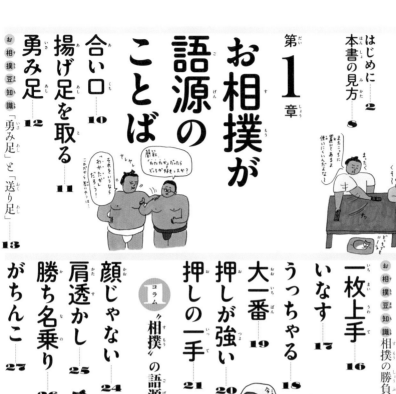

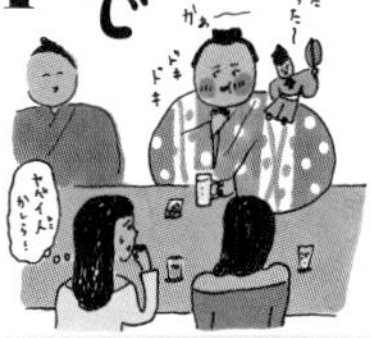

のこった のこった〜
ドキドキ

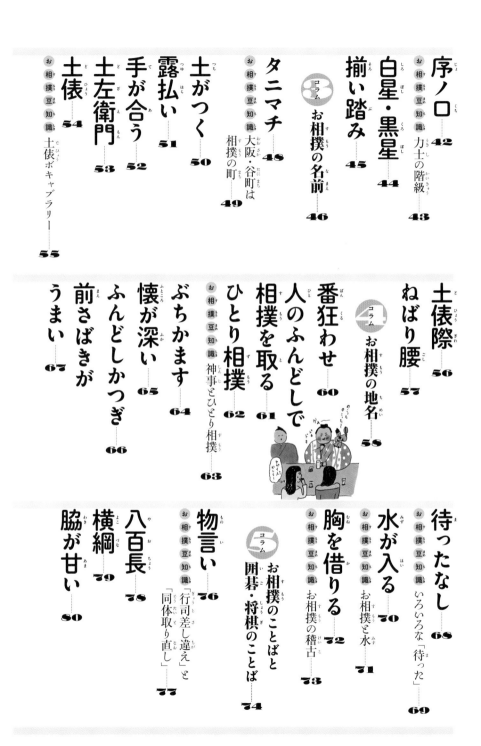

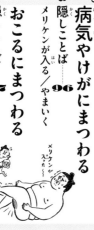

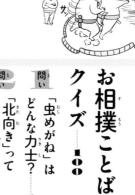

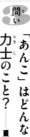

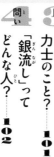

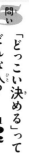

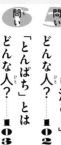

第《だい》3章《しょう》 行《ぎょう》司《じ》・呼《よび》出《だ》し・床《とこ》山《やま》のことば

本書は、2017年10月16日～11月2日にウエブマガジン『おすもうさん』に掲載された記事に大幅に加筆修正し、新たなことばとイラストを加えて編集したものです。

デザイン……三木俊一（文京図案室）
イラスト……鹿又きょうこ（第1章）、てぶくろ星人（第2・3章）
切り絵……山本恵未（第1章コラム）
写真……ベースボール・マガジン社
企画・編集・原稿……おすもうさん（時岡千尋、糸井千晶）
編集協力……十枝慶二、門脇利明、『相撲』編集部
取材協力……公益財団法人 日本相撲協会、木村容堂、邦夫、加藤 章（床蜂）

本書《ほんしょ》の見方《みかた》

お相撲《すもう》での意味《いみ》
相撲界《すもうかい》で使《つか》われる場合《ばあい》の意味《いみ》

一般的《いっぱんてき》な意味《いみ》
一般《いっぱん》に人々《ひとびと》が使《つか》う場合《ばあい》の意味《いみ》

解説《かいせつ》
相撲《すもう》での意味《いみ》と一《いっ》般《ぱん》での意味《いみ》のちがい、由来《ゆらい》、使《つか》い方《かた》、そのことばに関連《かんれん》する語《ご》、または相撲《すもう》の知識《ちしき》などを解説《かいせつ》

例文《れいぶん》
一般的《いっぱんてき》にどう使《つか》われるかをしめす例文《れいぶん》とイラスト。内容《ないよう》はフィクションです。実際《じっさい》に相撲部屋《すもうべや》ではおこりえないこともあります

このページで紹介《しょうかい》することば

第《だい》1章《しょう》 お相撲《すもう》が語源《ごげん》のことば

お相撲《すもう》豆知識《まめちしき》
このことばと関係《かんけい》する相撲《すもう》の豆知識《まめちしき》を紹介《しょうかい》

行司《ぎょうじ》・呼出《よびだ》し・床山《とこやま》、それぞれの仕事《しごと》について、どんなことばがあるのかを解説《かいせつ》

第《だい》3章《しょう》 行司《ぎょうじ》・呼出《よびだ》し・床山《とこやま》のことば

行司《ぎょうじ》・呼出《よびだ》し・床山《とこやま》が使《つか》う専門用語《せんもんようご》を紹介《しょうかい》

白《しろ》いわく内《ない》では、行司《ぎょうじ》・呼出《よびだ》し・床山《とこやま》が使《つか》う仲間内《なかまうち》だけのことばを紹介《しょうかい》

相撲《すもう》の隠《かく》しことばを紹介《しょうかい》。クイズ形式《けいしき》のページでは3つの選択肢《せんたくし》から正解《せいかい》をえらぼう

第《だい》2章《しょう》 お相撲《すもう》の隠《かく》しことば

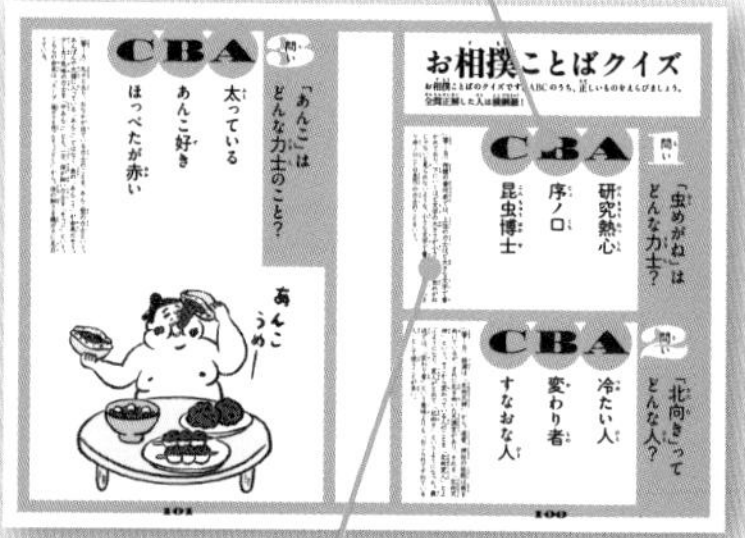

【答《こたえ》】
正解《せいかい》。見《え》えないように隠《かく》しながら読《よ》んでね

＊本書《ほんしょ》の情報《じょうほう》は令和《れいわ》2年《ねん》3月《がつ》現在《げんざい》のものです。
＊本書《ほんしょ》で紹介《しょうかい》している説《せつ》や由来《ゆらい》などは諸説《しょせつ》あります。

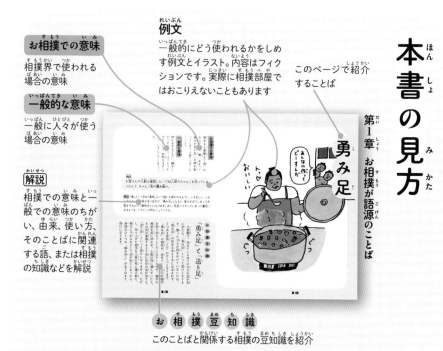

第《だい》1章《しょう》

お相撲《すもう》が語源《ごげん》のことば

ふだんなにげなく使《つか》っていることばのなかに、相撲《すもう》のことばから生《う》まれたものがたくさんあります。相撲《すもう》の技《わざ》や勝負判定《しょうぶはんてい》、稽古《けいこ》に関《かん》することばや、力士《りきし》の階級《かいきゅう》にまつわることばなど。力士《りきし》をはじめ、相撲界《すもうかい》の人《ひと》たちが登場《とうじょう》する例文《れいぶん》とイラストで楽《たの》しくお相撲《すもう》ことばを紹介《しょうかい》します。

合《あ》い口《くち》

お相撲《すもう》での意味《いみ》

「合《あ》い口《くち》が悪《わる》い」は苦手《にがて》な相手《あいて》ということ。実力《じつりょく》が同《おな》じ、もしくは勝《まさ》っていても、勝《か》てないこと。逆《ぎゃく》に勝《か》てる相手《あいて》を「合《あ》い口《くち》がいい」という。

一般的《いっぱんてき》な意味《いみ》

話《はなし》が合《あ》うかどうかなど、人《ひと》との相性《あいしょう》のよしあしをいう語《ご》。気《き》が合《あ》う相手《あいて》を「合《あ》い口《くち》がいい」という。

あっ!
くそ〜
まったく
またこっちに置《お》いてあるよ使《つか》いにくいんだよな〜
サッ
どっちでもいーニャ

例文《れいぶん》

おたがい細《こま》かいことにこだわる性格《せいかく》の兄弟子《あにでし》とは、テレビのリモコンの位置《いち》でいつももめる。どうにも**合《あ》い口《くち》**が悪《わる》い。

解説《かいせつ》 相撲《すもう》では、自分《じぶん》が有利《ゆうり》かどうかで合《あ》い口《くち》がいい悪《わる》いが決《き》まります。つまり、自分《じぶん》から見《み》て「合《あ》い口《くち》がいい」相手《あいて》は、相手《あいて》から見《み》れば自分《じぶん》は「合《あ》い口《くち》が悪《わる》い」相手《あいて》。一般的《いっぱんてき》な意味《いみ》の場合《ばあい》は、相手《あいて》との相性《あいしょう》で決《き》まるので、どちらから見《み》ても「合《あ》い口《くち》がいい」か「合《あ》い口《くち》が悪《わる》い」となるところがちがいます。

揚《あ》げ足《あし》を取《と》る

お相撲《すもう》での意味《いみ》

地面《じめん》から浮《う》いた相手《あいて》の足《あし》を手《て》でつかまえたり、だいたりしてたおすことがあり、そこから生《う》まれたことば。ただし、「揚《あ》げ足《あし》を取《と》る」といわず、単《たん》に「足《あし》を取《と》る」という。

一般的《いっぱんてき》な意味《いみ》

相手《あいて》のいいまちがいや、ことば尻《じり》をとらえて、からかったり責《せ》めたりすること。

関取《せきとり》、「わたたか」だったらどっちが好《す》きっスか？
ヤレヤレ
それをいうなら「わかたか」だろう！
これだから若《わか》いやつは…

例文《れいぶん》

「あのおすもうさんはいつもおとうと弟子《でし》の**揚《あ》げ足《あし》ばかり取《と》っているね**」

解説《かいせつ》 相撲《すもう》では、相手《あいて》の足《あし》が浮《う》いたところをすかさず取《と》って攻《せ》めるのは、すきを見逃《みのが》さないという点《てん》で拍手《はくしゅ》を送《おく》るべき技《わざ》です。けれども、一般《いっぱん》に使《つか》われるときには、相手《あいて》のまちがいにつけ込《こ》むような、どちらかというとマイナスのイメージがあります。

勇《いさ》み足《あし》

お相撲《すもう》での意味《いみ》

相手《あいて》を土俵際《どひょうぎわ》まで追《お》い込《こ》みながらも、勢《いきお》いあまって自分《じぶん》の足《あし》が先《さき》に土俵《どひょう》を割《わ》ってしまう（土俵《どひょう》から出《で》てしまう）こと。

一般的《いっぱんてき》な意味《いみ》

何《なに》かをするときに、調子《ちょうし》にのりすぎたり、はりきりすぎたりして、目的《もくてき》をはずしたり、しそんじてしまうこと。

例文《れいぶん》

お客《きゃく》さんの人数《にんずう》も確認《かくにん》しないで50人前《にんまえ》のちゃんこを作《つく》ってしまうなんて、ちゃんこ長《ちょう》の**勇《いさ》み足《あし》**だ。

解説《かいせつ》「勇」という字《じ》は「勇気《ゆうき》」という語《ご》にも使《つか》われるように、いさましい、ふるい立《た》つという意味《いみ》がありますが、「勇《いさ》み足《あし》」となると、度《ど》がすぎてしまって失敗《しっぱい》をするという意味合《いみあ》いになります。また、先走《さきばし》ってやってしまって裏目《うらめ》に出《で》るような、フライング的《てき》なニュアンスも。

お相撲《すもう》豆知識《まめちしき》

「勇《いさ》み足《あし》」と「送《おく》り足《あし》」

土俵際《どひょうぎわ》で、攻《せ》めているほうの力士《りきし》の足《あし》が先《さき》に出《で》たら、「勇《いさ》み足《あし》」といって負《ま》けとなります。勝《か》った力士《りきし》が技《わざ》をかけていないため、「勇《いさ》み足《あし》」は82ある決《き》まり手《て》には含《ふく》まれず、5つある非技《ひぎ》（P37）のひとつとなります。

「勇《いさ》み足《あし》」の例外《れいがい》が、攻《せ》めている力士《りきし》が相手《あいて》相手《あいて》を吊《つ》り出《だ》そうとしているケースです。相手《あいて》の両足《りょうあし》を宙《ちゅう》に浮《う》かせ、土俵《どひょう》の外《そと》に運《はこ》んでいたら、その足《あし》が着地《ちゃくち》するより先《さき》に自分《じぶん》の足《あし》が出《で》ても、「送《おく》り足《あし》」といって負《ま》けになりません。ただし、吊《つ》り上《あ》げた相手《あいて》を土俵《どひょう》の外《そと》に運《はこ》ぶ前《まえ》に、後《うし》ろに下《さ》がるなどして足《あし》が出《で》てしまったら、非技《ひぎ》のひとつの「踏《ふ》み出《だ》し」があてはまり、負《ま》けになります。

痛《いた》み分《わ》け

お相撲《すもう》での意味《いみ》

取組中《とりくみちゅう》に一方《いっぽう》がけがをして、取組《とりくみ》を続《つづ》けることができなくなったとき、勝《か》ち負《ま》けをつけず、取組《とりくみ》を終《お》わらせること。

一般的《いっぱんてき》な意味《いみ》

ケンカや議論《ぎろん》のときに決着《けっちゃく》がつかず、引《ひ》き分《わ》けに終《お》わり、結果的《けっかてき》におたがいがそんをしてしまうこと。

例文《れいぶん》

ちゃんこの味《あじ》で、ちゃんこ番《ばん》どうしがカレー味《あじ》かみそ味《あじ》かでもめにもめ、見《み》かねた親方《おやかた》が「もう**痛《いた》み分《わ》け**で塩味《しおあじ》だ！」といった。

解説《かいせつ》 一般《いっぱん》には、「痛《いた》みを両者《りょうしゃ》で分《わ》ける」という意味《いみ》もこめられた「痛《いた》み分《わ》け」で、喧嘩両成敗《けんかりょうせいばい》（ケンカをした両方《りょうほう》が等《ひと》しく罰《ばつ》を受《う》ける）にも通《つう》じます。しかし、相撲《すもう》の場合《ばあい》、「痛《いた》み（けが）があるから、勝負《しょうぶ》をつけずに両者《りょうしゃ》を分《わ》ける」という意味《いみ》の「痛《いた》み分《わ》け」です。

お相《す》撲《もう》豆《まめ》知《ち》識《しき》

相撲《すもう》の勝負判定《しょうぶはんてい》

勝《か》ち負《ま》けがつかない勝負判定《しょうぶはんてい》には、「痛《いた》み分《わ》け」のほか、勝負《しょうぶ》が長引《ながび》いた場合《ばあい》の「引《ひ》き分《わ》け」があります。十両以上《じゅうりょういじょう》の取組《とりくみ》の場合《ばあい》、勝負《しょうぶ》が長引《ながび》くとまず「水入《みずい》り」（P70参照《さんしょう》）となり、2度《ど》の「水入《みずい》り」でも長引《ながび》いたら「2番後《ばんご》（または1番後《ばんご》や10分後《ぶんご》）取《と》り直《なお》し」で、それでも勝負《しょうぶ》がつかないと「引《ひ》き分《わ》け」となります。幕内《まくうち》の取組《とりくみ》での「引《ひ》き分《わ》け」は40年《ねん》以上《いじょう》出《で》ておらず、「痛《いた》み分《わ》け」はそれ以上《いじょう》にめずらしく、60年《ねん》以上《いじょう》出《で》ていません。

また、どちらの勝《か》ちともいえないきわどい勝負《しょうぶ》のとき、現在《げんざい》は「取《と》り直《なお》し」となりますが、以前《いぜん》は「預《あず》り」や「無勝負《むしょうぶ》」として勝《か》ち負《ま》けがつかない勝負判定《しょうぶはんてい》もありました。

一枚上手《いちまいうわて》

お相撲《すもう》での意味《いみ》

技《わざ》や力《ちから》が、相手《あいて》よりも明《あき》らかに、勝《まさ》っていること。

一般的《いっぱんてき》な意味《いみ》

「あの人《ひと》の説明《せつめい》のほうが一枚上手《いちまいうわて》だ」というように、技術《ぎじゅつ》、能力《のうりょく》などが一段上《いちだんうえ》であることをいう。人物《じんぶつ》、知恵《ちえ》、かけひきなどが一段《いちだん》とすぐれているという意味《いみ》で、「役者《やくしゃ》が一枚上手《いちまいうわて》だ」ともいう。

かっこいいなー
そんな服《ふく》
どこに売《う》って
るんだよー
これっスか？
ちょっと自分《じぶん》で
リメイクして
みたんスよ〜

例文《れいぶん》

おとうと弟子《でし》は、7L《エル》のビッグサイズにもかかわらず、いつもおしゃれなかっこうをしている。ファッションでは**一枚上手《いちまいうわて》**だ。

解説《かいせつ》 相撲《すもう》の番付表《ばんづけひょう》や歌舞伎役者《かぶきやくしゃ》の看板《かんばん》では、上位《じょうい》の者《もの》から四股名《しこな》や役者《やくしゃ》名《めい》が書《か》かれるところから、このようないいまわしが生《う》まれました。ちなみに、強調《きょうちょう》するときは「一枚《いちまい》も二枚《にまい》も上手《うわて》」ということもあります。将棋《しょうぎ》で、実力《じつりょく》が上《うえ》の者《もの》が駒《こま》を１枚《まい》減《へ》らすハンデをつけることからきたという説《せつ》もあります。

いなす

お相撲《すもう》での意味《いみ》

攻《せ》めてくる相手《あいて》を、左《ひだり》や右《みぎ》にかわして、相手《あいて》の体勢《たいせい》をくずさせること。「いなし」といって、相撲《すもう》の技《わざ》のひとつ。

一般的《いっぱんてき》な意味《いみ》

さまざまな攻撃《こうげき》や追及《ついきゅう》を、軽《かる》くあしらったり、かわしたりする意味《いみ》で使《つか》われる。また、人《ひと》への応対《おうたい》の仕方《しかた》でも使《つか》われる。

絶好調《ぜっこうちょう》ですね!!
どんな心境《しんきょう》ですか?
フッ
やるべきことをやるだけっスから…
OOTV

例文《れいぶん》

ベテラン力士《りきし》になると、マスコミの**いなし**方《かた》もなかなかうまいものだ。

解説《かいせつ》 いなすは「往《い》なす」「去《い》なす」とも書《か》き、立《た》ち去《さ》らせる、追《お》っ払《ぱら》うという意味《いみ》で使用《しよう》します。離縁《りえん》する（夫婦《ふうふ》が離婚《りこん》したり、養子縁組《ようしえんぐみ》を解消《かいしょう》したりすること）という意味《いみ》もあります。また、和服《わふく》のえりを首《くび》の後《うし》ろのほうへ押《お》し下《さ》げる（えりをぬく）ことも指《さ》します。

うっちゃる

お相撲《すもう》での意味《いみ》

相手《あいて》が寄《よ》ってくるところを土俵際《どひょうぎわ》でこらえ、自分《じぶん》の体《からだ》をひねって、相手《あいて》を土俵《どひょう》の外《そと》へ投《な》げ出《だ》す技《わざ》である、「うっちゃり」をすること。

一般的《いっぱんてき》な意味《いみ》

ギリギリのところで、急《きゅう》に状態《じょうたい》を逆転《ぎゃくてん》させること。また、投《な》げ捨《す》てる、放《ほう》っておく、という意味《いみ》でも使《つか》われる。

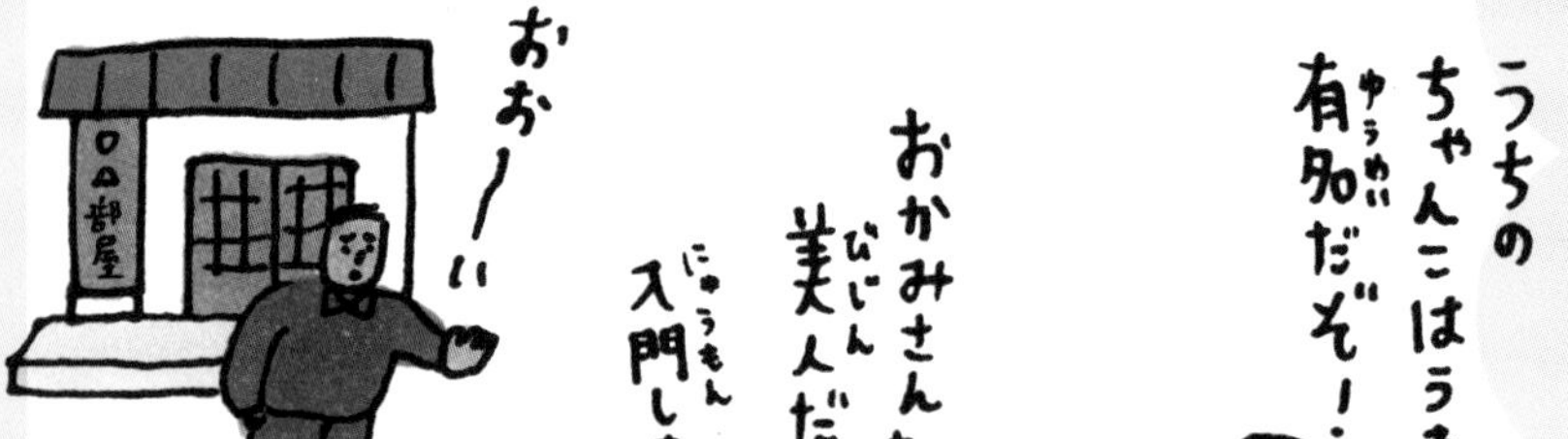

例文《れいぶん》

中学《ちゅうがく》相撲《ずもう》の有望株《ゆうぼうかぶ》が、うちの部屋《へや》に来《き》てくれそうだったが、入《にゅう》門直前《もんちょくぜん》で**うっちゃられた**。

解説《かいせつ》 遠《とお》くへやる、捨《す》てるという意味《いみ》の「うちやる（打遣）」から生《う》まれた語《ご》です。自分《じぶん》のほうから形勢《けいせい》を逆転《ぎゃくてん》させることを「うっちゃりをくらわす」といい、逆《ぎゃく》に形勢《けいせい》が逆転《ぎゃくてん》されてしまうことを「うっちゃりをくう」といいます。相撲《すもう》が語《ご》源《げん》といわれていますが、静岡《しずおか》の方言《ほうげん》という説《せつ》も。

大《おお》一《いち》番《ばん》

お相撲《すもう》での意味《いみ》

優勝《ゆうしょう》がかかった取組《とりくみ》など、大事《だいじ》な取組《とりくみ》をいう。

一般的《いっぱんてき》な意味《いみ》

相撲《すもう》以外《いがい》のスポーツでも優勝《ゆうしょう》や王座《おうざ》決定《けってい》など、大《おお》きな勝負《しょうぶ》やタイトルがかかった試合《しあい》を指《さ》す。また、日常生活《にちじょうせいかつ》でも、仕事《しごと》での契約《けいやく》や試験《しけん》、プロポーズなど人生《じんせい》の大事《だいじ》な局面《きょくめん》をいうことも。

例文《れいぶん》

今日《きょう》の取組《とりくみ》の後《あと》には、彼女《かのじょ》にプロポーズをするという人生《じんせい》の**大《おお》一番《いちばん》**が控《ひか》えている。

解説《かいせつ》 相撲《すもう》で「番《ばん》」とは、取組《とりくみ》を指《さ》します。つまり、大切《たいせつ》な、大《おお》きな意味《いみ》のある一番《いちばん》ということ。取組《とりくみ》の数《かず》を表《あらわ》す単位《たんい》としても使《つか》われ、「1番《ばん》」「2番《ばん》」などと数《かぞ》え、稽古《けいこ》でも、何番《なんばん》取《と》ったかを番数《ばんかず》といいます。また、「番《ばん》」は「勝《しょう》」の意味《いみ》でも使《つか》われ、「何番《なんばん》だ？」「6番《ばん》（6勝《しょう》）です」などといいます。

押《お》しが強《つよ》い

お相撲《すもう》での意味《いみ》

腰《こし》を低《ひく》くして、手《て》のひらを相手《あいて》の体《からだ》に押《お》し当《あ》てながら前《まえ》に出《で》て行《い》くことを「押《お》し」といい、この押《お》しが得意《とくい》で強《つよ》いこと。

一般的《いっぱんてき》な意味《いみ》

とことん自分《じぶん》の意見《いけん》や希望《ぼう》を押《お》そうとすること。また、転《てん》じてずうずうしい、あつかましいという意味《いみ》もある。

サイン お願《ねが》いします！
どうか！そこをなんとか！

例文《れいぶん》

いくら**押《お》しが強《つよ》い**あの人《ひと》でも、横綱《よこづな》のサインは簡単《かんたん》にはもらえないだろう。

解説《かいせつ》 P21の「押《お》しの一手《いって》」と同《おな》じく「押《お》し」という相撲《すもう》の基本動作《きほんどうさ》から派生《はせい》したことば。相撲《すもう》ではありませんが、一般的《いっぱんてき》には「押《お》しが利《き》く」という表現《ひょうげん》もあり、これも相撲《すもう》の「押《お》し」からできたことばです。押《お》しが強《つよ》いと意味《いみ》は似《に》ていますが、押《お》しが効果的《こうかてき》であるニュアンスが加《くわ》わります。

押《お》しの一手《いって》

お相撲《すもう》での意味《いみ》

腰《こし》を低《ひく》くして、手《て》のひらを相手《あいて》の体《からだ》に押《お》し当《あ》てながら前《まえ》に出《で》て行《い》くことを「押《お》し」といい、相撲《すもう》の基本動作《きほんどうさ》のひとつ。そんな押《お》しだけに徹《てっ》して、前《まえ》に出《で》て攻《せ》め続《つづ》けること。

一般的《いっぱんてき》な意味《いみ》

目的《もくてき》に向《む》かって攻撃《こうげき》あるのみで、強引《ごういん》に押《お》し進《すす》むこと。

例文《れいぶん》

相撲《すもう》っぷりと同《おな》じく、**押《お》しの一手《いって》**で金星《きんぼし》*をいとめた。
（*P34参照《さんしょう》）

解説《かいせつ》 相撲《すもう》でも一般的《いっぱんてき》な意味《いみ》でも、かけひきをしたり作戦《さくせん》を練《ね》ったりせずに、ひたすら突《つ》き進《すす》むさまを表《あらわ》しています。また、「手《て》」とは勝負《しょうぶ》ごとでの作戦《さくせん》のような意味《いみ》で使《つか》われ、将棋《しょうぎ》や囲碁《いご》でも駒《こま》を動《うご》かしたり石《いし》を打《う》ったりすることを手《て》といったりします（囲碁《いご》、将棋《しょうぎ》と相撲《すもう》のことばについてはP74を参照《さんしょう》）。

コラム 1

“相撲《すもう》”の語源《ごげん》

昔《むかし》は、たがいに手《て》と手《て》を**取《と》り**合《あ》う(手《て》のひらどうしを合《あ》わせた)状態《じょうたい》で始《はじ》め、そのあと絵《え》のように**組《く》み**合《あ》う形《かたち》になっていました。相撲《すもう》を「取組《とりくみ》」というのは、このことに由来《ゆらい》するという説《せつ》も。

もともとは「すまひ」と読《よ》んだ

相撲《すもう》の歴史《れきし》は古《ふる》く、奈良《なら》時代《じだい》の歴史書《れきししょ》『日本書紀《にほんしょき》』にすでに登場《とうじょう》しています。当時《とうじ》は「捔力」と書《か》いて、「すまひ」と読《よ》ませており、これが日本《にほん》における相撲《すもう》の始《はじ》まりだとされています。それは、第十一代垂仁天皇《だいじゅういちだいすいにんてんのう》の時代《じだい》で、当麻蹶速《たいまのけはや》と野見宿禰《のみのすくね》が天皇《てんのう》の命《めい》によって力《ちから》くらべをし、蹶速《けはや》があばら骨《ぼね》と腰《こし》の骨《ほね》を折《お》られて死《し》んだというものです。蹶速《けはや》は「けるのがはやい」という意味《いみ》で、とても変《か》わった名前《なまえ》です。そして、昔《むかし》は今《いま》とちがって、けるという技《わざ》もあったのかもしれません。蹶速《けはや》は死《し》んでしまいましたが、野見宿禰《のみのすくね》とともに、相撲《すもう》の祖《そ》とされています。

なぜ相撲《すもう》の世界《せかい》を「角界《かくかい》」という？

ところで、『日本書紀《にほんしょき》』で使《つか》われている「捔力」は、見慣《みな》れない漢字《かんじ》です。これは、中国《ちゅうごく》で使《つか》われていた「角力」と共通《きょうつう》する語《ご》だと考《かんが》えられています。意味《いみ》は、力《ちから》くらべのこと。ちなみに、相撲《すもう》の世界《せかい》を「角界《かくかい》」とよぶのはそのなごりです。「捔力」の読《よ》みの「すまひ（い）」のもとは「すまふ（う）」で、相《あい》手《て》の体《からだ》をつかんで、力《ちから》や技《わざ》を争《あらそ》うことを意味《いみ》しました。

その後《ご》、平安時代《へいあんじだい》になってから、「相撲」と書《か》くようになったといいます。それでも歴史《れきし》はずいぶん古《ふる》く、相撲《すもう》が日本《にほん》の国技《こくぎ》といわれるのは、ことばの面《めん》からもよくわかります。

顔《かお》じゃない

お相撲《すもう》での意味《いみ》

実力《じつりょく》や貫禄《かんろく》がともなっていないこと。まだそんな身分《みぶん》じゃないという意味《いみ》で使《つか》われる。

一般的《いっぱんてき》な意味《いみ》

相撲《すもう》で使《つか》われる場合《ばあい》とほぼ同《おな》じ意味《いみ》で使《つか》われる。能力《のうりょく》や経験《けいけん》、地位《ちい》などから見《み》て、発言《はつげん》や行動《こうどう》が適切《てきせつ》ではないときにいう表現《ひょうげん》。分不相応《ぶんふそうおう》ということ。

そのバッグ、全然《ぜんぜん》顔《かお》じゃないからオレがもらってやるよ!
え〜だめっスよ〜

例文《れいぶん》

新弟子《しんでし》なのに高級《こうきゅう》ブランドのバッグを持《も》つなんて**顔《かお》じゃない**。

解説《かいせつ》 力士《りきし》は番付《ばんづけ》によって髪型《かみがた》や着《き》るもの、ちゃんこ(P86参照《さんしょう》)を食《た》べる順《じゅん》番《ばん》などが決《き》められている、実力主義《じつりょくしゅぎ》の世界《せかい》。ただし、年齢《ねんれい》に関係《かんけい》なく、先《さき》に入門《にゅうもん》した兄弟子《あにでし》をうやまうので、自分《じぶん》のほうが番付《ばんづけ》が上《うえ》になっても、兄弟子《あにでし》に対《たい》しては、このことばは使《つか》わないようにしているようです。

肩《かた》透《す》かし

お相撲《すもう》での意味《いみ》

相撲《すもう》の決《き》まり手《て》のひとつ。左右《さゆう》どちらかの手《て》を少《すこ》しだけ相手《あいて》の脇《わき》の下《した》に入《い》れた状態《じょうたい》から、反対《はんたい》の手《て》で、相手《あいて》の肩《かた》を引《ひ》いたり、はたいたりしてたおす技《わざ》。

一般的《いっぱんてき》な意味《いみ》

意気込《いきご》んでくる相手《あいて》をサラリとかわすこと。「肩透《かたす》かしをくう（くらう、くわされる）」という。

例文《れいぶん》

はりきって〇〇部屋《べや》に出稽古《でげいこ》に行《い》ったら稽古《けいこ》が休《やす》みで、**肩透《かたす》かし**をくらった。

解説《かいせつ》 相撲《すもう》の決《き》まり手《て》は全部《ぜんぶ》で82手《て》ありますが、ジャンル分《わ》けされていて、基本技《きほんわざ》、投《な》げ手《て》などに分類《ぶんるい》されています。その中《なか》で「肩透《かたす》かし」は捻《ひね》り手《て》に入《はい》ります。ちなみに、相手《あいて》の脇《わき》の下《した》に手《て》を入《い》れた状態《じょうたい》を「のぞく」といい、右《みぎ》手《て》が入《はい》ると「右手《みぎて》がのぞく」と使《つか》います。

勝《か》ち名《な》乗《の》り

お相撲《すもう》での意味《いみ》

行司《ぎょうじ》が勝《か》った力士《りきし》のほうに軍配《ぐんばい》をあげて、その四股名《しこな》を呼《よ》び上《あ》げること。

一般的《いっぱんてき》な意味《いみ》

競争《きょうそう》や勝負《しょうぶ》などで勝《か》ちを宣言《せんげん》することをいう。相撲《すもう》では、勝《か》った本人《ほんにん》ではなく行司《ぎょうじ》がいうものだが、一般《いっぱん》では、どちらかというと本人《ほんにん》自《みずか》らが宣言《せんげん》することをいう。

例文《れいぶん》

元力士《もとりきし》が地元《じもと》で市長選挙《しちょうせんきょ》に立候補《りっこうほ》したが、開票《かいひょう》が始《はじ》まると早々《そうそう》に**勝《か》ち名《な》乗《の》り**を上《あ》げた。

解説《かいせつ》 土俵上《どひょうじょう》で勝敗《しょうはい》が決《き》まると、行司《ぎょうじ》が勝《か》ったほうに軍配《ぐんばい》をあげて勝負《しょうぶ》を判《はん》定《てい》します。さらにその後《ご》、勝《か》った力士《りきし》のほうを向《む》いて四股名《しこな》を呼《よ》び上《あ》げます。このとき力士《りきし》は蹲踞《そんきょ》（つま先立《さきだ》ちでひざを開《ひら》き、深《ふか》く腰《こし》をおろして背筋《せすじ》を伸《の》ばした、相撲《すもう》の基本姿勢《きほんしせい》のひとつ）して勝《か》ち名乗《なの》りを受《う》けます。

がちんこ

お相撲《すもう》での意味《いみ》

両者《りょうしゃ》が手加減《てかげん》せず、真正面《ましょうめん》から真剣《しんけん》に、力《ちから》の限《かぎ》りをつくしてぶつかり合《あ》うこと。立《た》ち合《あ》いで、頭《あたま》と頭《あたま》でガチンとぶつかることからきたともいわれる。

一般的《いっぱんてき》な意味《いみ》

相撲《すもう》での意味《いみ》と同様《どうよう》に真剣勝負《しんけんしょうぶ》という意味《いみ》で使《つか》われ、「がちんこ勝負《しょうぶ》」などともいわれる。

例文《れいぶん》

料理《りょうり》にも妥協《だきょう》をゆるさないちゃんこ長《ちょう》にとって、毎日《まいにち》の食材選《しょくざいえら》びは**がちんこ**だ。

解説《かいせつ》 頭《あたま》と頭《あたま》であたったときに「ガチン」という音《おと》が聞《き》こえますが、一説《いっせつ》にこのときの衝撃《しょうげき》は2トントラックがぶつかったときと同《おな》じといわれています。また、最近《さいきん》は若者《わかもの》ことばで略《りゃく》して「ガチ」といったりします。真剣《しんけん》という意味《いみ》から転《てん》じて「マジで（本当《ほんとう》に）」という意味《いみ》でも使《つか》われているようです。

がっぷり四《よ》つ

お相撲《すもう》での意味《いみ》

四《よ》つとは両者《りょうしゃ》が手《て》を相手《あいて》の脇《わき》に差《さ》し入《い》れて組《く》み合《あ》うこと。とくに、両者《りょうしゃ》が十《じゅう》分《ぶん》にまわしを取《と》り合《あ》っている状態《じょうたい》を「がっぷり四《よ》つ」という。「がっぷり」とは「しっかり」「十分《じゅうぶん》に」という意《い》味《み》合《あ》い。

一般的《いっぱんてき》な意味《いみ》

深《ふか》く向《む》き合《あ》う、取《と》り組《く》むさまをいう。

例文《れいぶん》

ちゃんこ長《ちょう》は毎日《まいにち》の献立作《こんだてづく》りに**がっぷり四《よ》つ**で取《と》り組《く》んでいる。

解説《かいせつ》 相撲《すもう》でしっかりと組《く》み合《あ》うさまから転《てん》じて、たとえば研究《けんきゅう》に夢中《むちゅう》になるなど、対象《たいしょう》となる物《もの》ごとに深《ふか》く向《む》き合《あ》うというときに使《つか》います。また、「がっぷり」には「しっかり」という意味合《いみあ》いがあり、しっかりと組《く》み合《あ》ったりかみついたりする様子《ようす》を表《あらわ》します。

お相《す》撲《もう》豆《まめ》知《ち》識《しき》

〝四《よ》つ〟の種類《しゅるい》は4つ

相手《あいて》と組《く》んだとき、下《した》に入《はい》った手《て》（下手《したて》）によって右四《みぎよ》つ、左四《ひだりよ》つといい、両方《りょうほう》が下手《したて》、両方《りょうほう》が上手《うわて》の場合《ばあい》と、4つの四《よ》つがあります。

右四《みぎよ》つ　左四《ひだりよ》つ
もろ差《ざ》し　外四《そとよ》つ

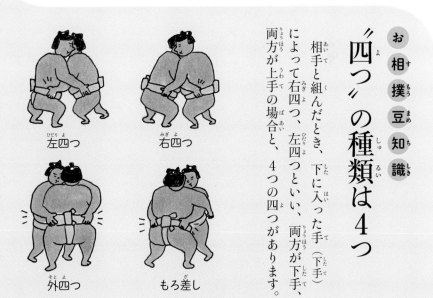

変《か》わり身《み》が早《はや》い

お相撲《すもう》での意味《いみ》

体《からだ》の位置《いち》をとっさに右《みぎ》や左《ひだり》にかわすこと。すばしっこいさま。

一般的《いっぱんてき》な意味《いみ》

状況《じょうきょう》の変化《へんか》に合《あ》わせて、自《じ》分《ぶん》に有利《ゆうり》なように発言《はつげん》や行動《こうどう》をうまく切《き》り替《か》えることをいう。自分《じぶん》の主張《しゅちょう》をすぐに変《か》える、ずるがしこいというニュアンスがある。

例文《れいぶん》

「ちゃんこはやっぱり塩味《しおあじ》だ」といっていたちゃんこ長《ちょう》だが、スー女《じょ》に「カレー鍋《なべ》が流行《はや》っている」と聞《き》いてからは「やっぱりカレーだな」といっている。**変《か》わり身《み》が早《はや》い**。

解説《かいせつ》 相撲《すもう》では、すばやい動《うご》きで相手《あいて》に勝《まさ》るさまを表《あらわ》し、どちらかというとほめことばなのに対《たい》し、一般的《いっぱんてき》にはネガティブな印象《いんしょう》の表現《ひょうげん》です。「手《て》のひらがえし」と同《おな》じような意味合《いみあ》いで、気《き》が変《か》わりやすいというニュアンスがあります。

行司《ぎょうじ》（役《やく》をつとめる）

お相撲《すもう》での意味《いみ》

取組《とりくみ》に立《た》ち合《あ》って、その勝《しょう》負《ぶ》の進行《しんこう》や判定《はんてい》をする役《やく》のこと、また、その人《ひと》。勝《か》ったほうに軍配《ぐんばい》をあげて勝《しょう》負判定《ぶはんてい》をする。

一般的《いっぱんてき》な意味《いみ》

さまざまな勝負《しょうぶ》ごとの判《はん》定《てい》をする審判《しんぱん》の役割《やくわり》をする人《ひと》や、審査《しんさ》をする人《ひと》のことをいう。「行司役《ぎょうじやく》の誰々《だれだれ》」といったりする。

例文《れいぶん》

千秋楽《せんしゅうらく》パーティーのカラオケ紅白歌合戦《こうはくうたがっせん》では、後援会長《こうえんかいちょう》が**行司役《ぎょうじやく》**をつとめた。

解説《かいせつ》 相撲《すもう》の原形《げんけい》といわれる相撲節《すまいのせち》（P126参照《さんしょう》）のころは、「立合《たちあわせ》」という役職《やくしょく》が今《いま》の行司《ぎょうじ》にあたるといわれ、現在《げんざい》のような行司《ぎょうじ》の形《かたち》になったのは室町時代《むろまちじだい》とされています。当時《とうじ》は「行事《ぎょうじ》」と書《か》いていたようです。江戸時代《えどじだい》になってから「行司《ぎょうじ》」という表記《ひょうき》になりました。

コラム 2

お相撲《すもう》のことばと歌舞伎《かぶき》のことば

相撲《すもう》では花道《はなみち》が東西《とうざい》に２本《ほん》あり「東《ひがし》の花道《はなみち》」「西《にし》の花道《はなみち》」といいます。歌舞伎《かぶき》は１本《ぽん》のみ。現在《げんざい》は、コンサートなどで客席《きゃくせき》につき出《だ》した細長《ほそなが》い舞台《ぶたい》も「花道《はなみち》」とよんでいます。

興行用語《こうぎょうようご》の「中入《なかい》り」「打《う》ち出《だ》し」

相撲《すもう》や歌舞伎《かぶき》、落語《らくご》などでは、どれも観客《かんきゃく》を集《あつ》めて見物《けんぶつ》をさせる興行《こうぎょう》であることから、共通《きょうつう》することばがいくつかあります。

たとえば「中入《なかい》り」。興行《こうぎょう》の途中《とちゅう》にある休憩《きゅうけい》のことです。ただ、現在《げんざい》は歌舞伎《かぶき》ではほとんど使《つか》われず、相撲《すもう》や寄席《よせ》（落語《らくご》や講談《こうだん》などの演芸用《えんげいよう》の劇場《げきじょう》）などで使《つか》われています。

「打《う》ち出《だ》し」もそのひとつ。一日《いちにち》の興行《こうぎょう》が終《お》わったときに太鼓《たいこ》を打《う》ち出《だ》すところからいったことばで、終演《しゅうえん》のことをいいます。

そのほか、興行《こうぎょう》の期間内《きかんない》の何日目《なんにちめ》かを表《あらわ》すことばで、「初日《しょにち》」（1日目《にちめ》）、「中日《なかび》」（まん中《なか》の日《ひ》）、「千秋楽《せんしゅうらく》」（最終日《さいしゅうび》）なども共通《きょうつう》しています。

語源《ごげん》も意味《いみ》もことなる「花道《はなみち》」

ことばは共通《きょうつう》でも、もともとの意味《いみ》も指《さ》すものもちがうのが「花道《はなみち》」です。相撲《すもう》では、「花道《はなみち》」は力士《りきし》が支度部屋《したくべや》から土俵《どひょう》に出入《でい》りする通路《つうろ》のこと。歌舞伎《かぶき》では舞台《ぶたい》に向《む》かって左側《ひだりがわ》に、舞台《ぶたい》と同《おな》じ高《たか》さで観客席《かんきゃくせき》をつらぬくように作《つく》られた、俳優《はいゆう》が通《とお》る道《みち》のことです。

相撲《すもう》では平安時代《へいあんじだい》に力士《りきし》が花《はな》をつけてここから入場《にゅうじょう》したから、花《はな》をつけて通《とお》る道《みち》＝花道《はなみち》、歌舞伎《かぶき》では、お客《きゃく》さんがお気《き》に入《い》りの俳優《はいゆう》に花《はな》（祝儀《しゅうぎ》）を贈《おく》るために設《もう》けた舞台《ぶたい》＝花道《はなみち》のことでした。引退《いんたい》のときなど、注目《ちゅうもく》や話題《わだい》を一身《いっしん》に集《あつ》める華《はな》やかな場面《ばめん》のことをさす「花道《はなみち》」は、歌舞伎《かぶき》に由来《ゆらい》するものと思《おも》われます。

金《きん》星《ぼし》

お相撲《すもう》での意味《いみ》

平幕《ひらまく》の力士《りきし》が横綱《よこづな》をたおしたときの勝星《かちぼし》のこと。「金星《きんぼし》を挙《あ》げる」という。また、美人《びじん》のことを指《さ》すこともある。

一般的《いっぱんてき》な意味《いみ》

相撲《すもう》以外《いがい》のスポーツでも優勝候補《ゆうしょうこうほ》のような強《つよ》い相《あい》手《て》をたおすことをいう。また、大《おお》きな手柄《てがら》という意味《いみ》もある。

例文《れいぶん》

部屋《へや》対抗《たいこう》の野球大会《やきゅうたいかい》で、前回優勝《ぜんかいゆうしょう》の△△部屋《べや》から**金星《きんぼし》**を挙《あ》げて喜《よろこ》んでいたら、親方《おやかた》から「相撲《すもう》で**金星《きんぼし》**を挙《あ》げろ」とおこられた。

解説《かいせつ》 金星《きんぼし》といわれるのは平幕《ひらまく》のみで、三役以上《さんやくいじょう》（小結《こむすび》・関脇《せきわけ》・大関《おおぜき》）は横綱《よこづな》に勝《か》っても金星《きんぼし》にはなりません。この「星《ほし》」は、勝敗《しょうはい》を記録《きろく》する「星取表《ほしとりひょう》」に書《か》き込《こ》まれる丸《まる》のことで、江戸時代《えどじだい》にはまだ☆のマークがなく、星《ほし》といえば普通《ふつう》の○だったため、このようないい方《かた》になったと考《かんが》えられます。

お相撲《すもう》豆知識《まめちしき》

金星挙《きんぼしあ》げて給料《きゅうりょう》アップ

相撲《すもう》の世界《せかい》は実力社会《じつりょくしゃかい》。番付《ばんづけ》が十両以上《じゅうりょういじょう》の関取《せきとり》にならなくては、お給料《きゅうりょう》はもらえません。そして勝《か》てば勝《か》つほど、お給料《きゅうりょう》もアップするシステムになっています。

その代表例《だいひょうれい》が金星《きんぼし》です。金星《きんぼし》ひとつにつき、力士褒賞金《りきしほうしょうきん》というお金《かね》が加算《かさん》され、金星《きんぼし》の数《かず》が増《ふ》えるとどんどんアップ。この褒賞金《ほうしょうきん》という制度《せいど》は、本場所《ほんばしょ》で勝《か》ち越《こ》したり、幕内優勝《まくうちゆうしょう》したりしても加算《かさん》され、場所《ばしょ》ごとに支給《しきゅう》され、引退《いんたい》するまでずっともらえます。

お給料《きゅうりょう》とは別《べつ》に、優勝《ゆうしょう》したり、三賞《さんしょう》（P125参照《さんしょう》）を受賞《じゅしょう》したりすると賞金《しょうきん》がもらえます。取組《とりくみ》ごとにかけられる懸賞金《けんしょうきん》もあり、強《つよ》くなればもらえるお金《かね》も増《ふ》えるのです。

軍《ぐん》配《ばい》があがる

お相撲《すもう》での意味《いみ》
勝負《しょうぶ》がついたときに、行司《ぎょうじ》が勝《か》ったほうに軍配《ぐんばい》を向《む》けること。

一般的《いっぱんてき》な意味《いみ》
スポーツや商売《しょうばい》など競《きそ》い合《あ》うことで勝《か》ったり優勢《ゆうせい》になったりすること。また、裁判《さいばん》などの判定《はんてい》で勝《か》つことでも使《つか》われる。ちなみに、軍配《ぐんばい》があがるの「あがる」という漢字《かんじ》は、「上《あ》がる」と「挙《あ》がる」、どちらも使《つか》う。

例文《れいぶん》
四股名《しこな》入《い》りのタオルとT《ティー》シャツ、売《う》り上《あ》げはタオルに**軍配《ぐんばい》があがった。**

解説《かいせつ》 軍配《ぐんばい》はもともと戦国武将《せんごくぶしょう》が戦《たたか》いの指揮《しき》をとるときに使《つか》った道具《どうぐ》。これを江戸時代《えどじだい》に相撲《すもう》の行司《ぎょうじ》が使《つか》うようになったといわれています。たまご形《がた》とひょうたん形《がた》があり、軍配《ぐんばい》につけた房《ふさ》の色《いろ》は行司《ぎょうじ》の階級《かいきゅう》を表《あらわ》しています。ちなみに「軍配《ぐんばい》」には商《あきな》いのかけひきという意味《いみ》もあります。

腰《こし》くだけ

お相撲《すもう》での意味《いみ》

取組中《とりくみちゅう》に腰《こし》を深《ふか》く入《い》れすぎる（低《ひく》く落《お》としすぎる）などして、腰《こし》のかまえがくずれて、自分《じぶん》からたおれてしまうこと。

一般的《いっぱんてき》な意味《いみ》

物《もの》ごとが途中《とちゅう》でだめになり、後《あと》が続《つづ》かなくなること。また、大事《だいじ》なことを前《まえ》にして、おじけづいてしまうこと。

みんなスマン!!
代《か》わりにハワイアンセンターに行《い》こう!!
ええ〜
そんなぁ〜
ハワイガイド

例文《れいぶん》

場所《ばしょ》後《ご》の休《やす》みに、部屋《へや》でハワイ旅行《りょこう》を企画《きかく》していたが、予算《よさん》が足《た》らず**腰《こし》くだけ**に終《お》わった。

解説《かいせつ》 相撲《すもう》には82の決《き》まり手《て》（技《わざ》）がありますが、そのほかに、勝《か》った力士《りきし》が技《わざ》をかけていない場合《ばあい》の勝負《しょうぶ》結果《けっか》である非技《ひぎ》が5つあります。「腰《こし》くだけ」はそのひとつ。ほかに、「勇《いさ》み足《あし》」（P12参照《さんしょう》）、手《て》やひざをつく「つき手《て》」「つきひざ」、足《あし》が土俵《どひょう》の外《そと》に出《で》る「踏《ふ》み出《だ》し」（P13参照《さんしょう》）があります。

ごっつぁん

お相撲《すもう》での意味《いみ》

「ごちそうさま」という意味《いみ》でも使《つか》われるが、広《ひろ》い意味《いみ》で、感謝《かんしゃ》の気持《きも》ちを表《あらわ》すあいさつのことば。「ありがとう」の意味《いみ》。「ごっちゃんです」ということもある。

一般的《いっぱんてき》な意味《いみ》

相撲《すもう》と同様《どうよう》に「ありがとう」「ごちそうさま」の意味《いみ》で使《つか》われる。

例文《れいぶん》

兄弟子《あにでし》「必勝法《ひっしょうほう》を教《おし》えてやろうか」

おとうと弟子《でし》「**ごっつぁん**です！」

外国人《がいこくじん》「日本語《にほんご》でサンキューはなんとイイマスか？」

力士《りきし》「**ごっつぁん**です！」

解説《かいせつ》「ごちそうさま」がなまって「ごっつぁんです」「ごっちゃんです」になりました。食事《しょくじ》をごちそうになったとき、プレゼントをもらったとき、親切《しんせつ》にしてもらったときはもちろん、稽古中《けいこちゅう》も稽古《けいこ》をつけてくれた兄弟子《あにでし》や師匠《ししょう》に対《たい》して「ごっつぁんです」と感謝《かんしゃ》を伝《つた》えます。

仕《し》切《き》り直《なお》し

お相撲《すもう》での意味《いみ》

立《た》ち合《あ》いでおたがいの呼《こ》吸《きゅう》が合《あ》わなかったとき、もう一度《いちど》仕切《しき》りをやり直《なお》すこと。

一般的《いっぱんてき》な意味《いみ》

計画《けいかく》などを最初《さいしょ》からやり直《なお》すこと、再《さい》スタートするということ。単《たん》にやり直《なお》すというよりは、いったんゼロに戻《もど》してから、というニュアンスがある。

例文《れいぶん》

関取《せきとり》がテーマパークに連《つ》れて行《い》ってくれる予定《よてい》だったが、風邪《かぜ》をひいて**仕切《しき》り直《なお》し**となった。

解説《かいせつ》 「仕切《しき》り」とは、土俵中央《どひょうちゅうおう》の仕切《しき》り線《せん》の位置《いち》で、腰《こし》を割《わ》って（足《あし》を開《ひら》いて腰《こし》を落《お》とす）両手《りょうて》をつき、呼吸《こきゅう》を合《あ》わせていく、立《た》ち合《あ》いまでの準備動作《じゅんびどうさ》。大相撲《おおずもう》は開始《かいし》の合図《あいず》がなく、両者《りょうしゃ》が呼吸《こきゅう》を合《あ》わせて立《た》つのが特徴《とくちょう》です。ただし、アマチュア相撲《ずもう》では行司役《ぎょうじやく》の主審《しゅしん》の声《こえ》に合《あ》わせて立《た》ちます。

死《し》に体《たい》

お相撲《すもう》での意味《いみ》

両者《りょうしゃ》がほとんど同体《どうたい》（同時《どうじ》）でたおれたときに、どちらか一方《いっぽう》が、体《からだ》の重心《じゅうしん》をうしなっていて立《た》ち直《なお》る見込《みこ》みがない状態《じょうたい》をいう。逆《ぎゃく》に立《た》ち直《なお》る見込《みこ》みがある場合《ばあい》は、「生《い》き体《たい》」という。

一般的《いっぱんてき》な意味《いみ》

個人《こじん》や組織《そしき》などが基盤《きばん》をうしなって、たおれそうな状態《じょうたい》であること。

例文《れいぶん》

昔《むかし》よく行《い》ったちゃんこ屋《や》があった商店街《しょうてんがい》、活気《かっき》がなくなり、すでに**死《し》に体《たい》**だ。

解説《かいせつ》 相撲《すもう》では「体」を「たい」と読《よ》んで、「体が出《で》た」を「たいが出《で》た」といいますが、「死《し》に体《たい》」は、まさに「たい」が生《い》き返《かえ》ることがないという意味《いみ》。その判定《はんてい》の基準《きじゅん》は、おもに足《あし》の裏《うら》が返《かえ》ったかどうか。返《かえ》っていれば「死《し》に体《たい》」となります。

お相《す》撲《もう》豆《まめ》知《ち》識《しき》

「死《し》に体《たい》」と「かばい手《て》」

土俵際《どひょうぎわ》の攻防《こうぼう》で、攻《せ》めている側《がわ》が、相手《あいて》の体《からだ》が地面《じめん》につくより先《さき》に手《て》をついた場合《ばあい》、状況《じょうきょう》によって「かばい手《て》」と「つき手《て》」といって、勝《か》ち負《ま》けが変《か》わります。

「かばい手《て》」は相手《あいて》が「死《し》に体《たい》」のとき、自分《じぶん》の体《からだ》が相手《あいて》の上《うえ》にのしかかってけがをさせるのを防《ふせ》ぐためにつく手《て》。これは、先《さき》に手《て》をついていても、攻《せ》めているほうの勝《か》ちとなります。

一方《いっぽう》、「つき手《て》」は、相手《あいて》の体《からだ》が「生《い》き体《たい》」の場合《ばあい》。相手《あいて》に逆転《ぎゃくてん》のチャンスがあるため、手《て》をついたほうが負《ま》けとなります。

同様《どうよう》に土俵際《どひょうぎわ》での足《あし》については「勇《いさ》み足《あし》」「送《おく》り足《あし》」「踏《ふ》み出《だ》し」（P13参照《さんしょう》）があります。

序《じょ》ノ口《くち》

お相撲《すもう》での意味《いみ》

番付《ばんづけ》で一番下《いちばんした》の階級《かいきゅう》。番付表《ばんづけひょう》では一番下《いちばんした》の五段目《ごだんめ》に、もっとも小《ちい》さい字《じ》で書《か》かれている。(序《じょ》ノ口《くち》の別名《べつめい》はP100を参照《さんしょう》)

一般的《いっぱんてき》な意味《いみ》

物《もの》ごとの始《はじ》まり、口《くち》あけ、発端《ほったん》という意味《いみ》で使《つか》われる。まだまだ始《はじ》まったばかりの状態《じょうたい》のこと。序章《じょしょう》という意味合《いみあ》い。一般《いっぱん》では「序《じょ》の口《くち》」と書《か》く。

例文《れいぶん》

ちゃんこ長《ちょう》に比《くら》べると新弟子《しんでし》の料理《りょうり》は、手際《てぎわ》も味《あじ》つけもまだまだ**序《じょ》の口《くち》**だな。

解説《かいせつ》 序《じょ》ノ口《くち》は入門《にゅうもん》して初《はじ》めの階級《かいきゅう》で、昔《むかし》は「上ノ口」と書《か》いたといわれています。それが「序ノ口」と書《か》くようになりました。最近《さいきん》は学生相撲《がくせいずもう》などでよい成績《せいせき》を残《のこ》した者《もの》は、「付《つ》け出《だ》し」といって、幕下《まくした》や三段目《さんだんめ》から番付《ばんづけ》をスタートさせる制度《せいど》もあります。

お相撲《すもう》豆知識《まめちしき》

力士《りきし》の階級《かいきゅう》

力士《りきし》は番付《ばんづけ》がすべて。番付《ばんづけ》とは力士《りきし》の階級《かいきゅう》のことで「番付《ばんづけ》を上《あ》げる」「番付《ばんづけ》が下《さ》がる」といいます。上《うえ》から順《じゅん》に階級別《かいきゅうべつ》に四股名《しこな》が書《か》かれた一覧《いちらん》も番付《ばんづけ》といいます。

階級《かいきゅう》は5段階《だんかい》あり、下《した》から「序《じょ》ノ口《くち》」「序《じょ》二段《にだん》」「三段目《さんだんめ》」「幕下《まくした》」「十両《じゅうりょう》」「幕内《まくうち》」。それぞれの階級《かいきゅう》の中《なか》の順番《じゅんばん》は数字《すうじ》で何枚目《なんまいめ》と表《あらわ》し、数字《すうじ》が少《すく》ないほど上位《じょうい》です。また、東西《とうざい》に分《わ》かれていて、同《おな》じ枚数《まいすう》でも東《ひがし》が上《うえ》。

幕内《まくうち》では、前頭筆頭《まえがしらひっとう》から最下位《さいかい》までを通称《つうしょう》「平幕《ひらまく》」といい、幕内上位《まくうちじょうい》は「小結《こむすび》」「関脇《せきわけ》」「大関《おおぜき》」、そして最高位《さいこうい》の「横綱《よこづな》」の順《じゅん》。本場所《ほんばしょ》の成績《せいせき》で番付《ばんづけ》は毎場所《まいばしょ》変《か》わりますが、横綱《よこづな》は引退《いんたい》するまで横綱《よこづな》です。

白《しろ》星《ぼし》・黒《くろ》星《ぼし》

お相撲《すもう》での意味《いみ》

勝《か》ち負《ま》けのしるし。取組《とりくみ》結果《けっか》の一覧《いちらん》である、星取《ほしとり》表《ひょう》の白《しろ》い丸《まる》を白星《しろぼし》といい、負《ま》けのしるしは黒《くろ》い丸《まる》で黒星《くろぼし》という。

一般的《いっぱんてき》な意味《いみ》

相撲《すもう》以外《いがい》のスポーツなどでも試合《しあい》に勝《か》つこと（白星《しろぼし》）、負《ま》けること（黒星《くろぼし》）をいう。また、単《たん》に白《しろ》い丸《まる》のしるしのこともいう。

白星《しろぼし》
黒星《くろぼし》

よしゃー!
くそ〜っ
OSUMO3
RIKISHI

例文《れいぶん》

部屋《へや》のゲーム大会《たいかい》で兄弟子《あにでし》から**白星《しろぼし》**を挙《あ》げた。

解説《かいせつ》「星《ほし》」を用《もち》いた表現《ひょうげん》でよく使《つか》われるのが「金星《きんぼし》」（P34参照《さんしょう》）。また、「星《ほし》」だけで使《つか》われる場合《ばあい》は勝《か》ちの意味合《いみあ》いが強《つよ》く、「星《ほし》を残《のこ》す」（勝《か》ち越《こ》す）などのいいまわしがあります。さらに、星《ほし》は女性《じょせい》を表《あらわ》す表現《ひょうげん》としても使《つか》われます（P104参照《さんしょう》）。

揃《そろ》い踏《ぶ》み

お相撲《すもう》での意味《いみ》

力士《りきし》たちが揃《そろ》って土俵上《どひょうじょう》に並《なら》び、正面《しょうめん》を向《む》いて四股《しこ》を踏《ふ》むこと。本場所《ほんばしょ》の千秋楽《せんしゅうらく》には、最後《さいご》の３番《ばん》を取《と》る力士《りきし》による「三役揃《さんやくそろ》い踏《ぶ》み」が行《おこな》われる。毎年《まいとし》の九州場所《きゅうしゅうばしょ》前夜祭《ぜんやさい》では、九州《きゅうしゅう》・山口県《やまぐちけん》出身《しゅっしん》関取《せきとり》による揃《そろ》い踏《ぶ》みが恒例《こうれい》。

一般的《いっぱんてき》な意味《いみ》

すぐれた人《ひと》や物《もの》が勢《せい》ぞろいすることをいう。

例文《れいぶん》

関取《せきとり》「大将《たいしょう》！ 今日《きょう》は何《なに》がおすすめ？」
すし屋《や》の大将《たいしょう》「コハダにアナゴ、アジの江戸前《えどまえ》**揃《そろ》い踏《ぶ》み**だよ！」

解説《かいせつ》 千秋楽《せんしゅうらく》の結《むす》び（一番最後《いちばんさいご》の取組《とりくみ》）を含《ふく》めた最後《さいご》の３番《ばん》を「これより三役《さんやく》」、または「役相撲《やくずもう》」といい、この前《まえ》に東西《とうざい》で３人《にん》ずつ土俵《どひょう》に上《あ》がって四股《しこ》を踏《ふ》むのが「三役揃《さんやくそろ》い踏《ぶ》み」。千秋楽《せんしゅうらく》の最後《さいご》を飾《かざ》る力士《りきし》の登場《とうじょう》になぞらえて、一般《いっぱん》でもすぐれた人《ひと》や物《もの》などがそろうことをこういったのでしょう。

コラム3

お相撲《すもう》の名前《なまえ》

江戸時代《えどじだい》の街道《かいどう》にもうけられた関所《せきしょ》で、力士《りきし》は名乗《なの》るだけで通《とお》してもらえたとか。名乗《なの》る前《まえ》から、その大《おお》きな体《からだ》からも力士《りきし》というのは一目瞭然《いちもくりょうぜん》!

「関取《せきとり》」は関所《せきしょ》と関係《かんけい》がある⁉

相撲《すもう》では、力士《りきし》のことをよぶときに○○さんではなく、○○関《ぜき》といいます。これは関取《せきとり》の「関《せき》」。ただし、階級《かいきゅう》（P43参照《さんしょう》）が十両以《じゅうりょうい》上《じょう》の力士《りきし》に限《かぎ》ります。十両以上《じゅうりょういじょう》は「関取《せきとり》」といって、一人前《いちにんまえ》の力士《りきし》となります。

この「関取《せきとり》」という名前《なまえ》、江戸時代《えどじだい》の街道《かいどう》にもうけられた関所《せきしょ》と関係《かんけい》があるという説《せつ》があります。通常《つうじょう》は関所《せきしょ》で通行手形《つうこうてがた》を見《み》せないと通《とお》してもらえませんでしたが、力士《りきし》は名乗《なの》るだけで通《とお》してもらえたそうです。そこから「関取《せきとり》」といわれるようになったとか。

ちなみに、「十両《じゅうりょう》」は正しくは「十枚目《じゅうまいめ》」といいます。これらは、幕末《ばくまつ》から明治《めいじ》にかけて、幕下上位《まくしたじょうい》10枚目《まいめ》までの力士《りきし》はお給料《きゅうりょう》が10両《りょう》だったことに由来《ゆらい》するといわれています。

力士《りきし》の名前《なまえ》「四股名《しこな》」のつけ方《かた》

相撲《すもう》で名前《なまえ》といえば「四股名《しこな》」です。たまに本名《ほんみょう》の力士《りきし》もいますが、ほとんどは部屋《へや》や師匠《ししょう》にちなんだ四股名《しこな》を名乗《なの》ります。たとえば、佐渡ケ嶽部屋《さどがたけべや》なら頭《あたま》に「琴《こと》」がついたり、師匠《ししょう》の四股名《しこな》から一文字《ひともじ》取《と》ったり。

四股名《しこな》のつけ方《かた》に決《き》まりはなく、ふざけたものでなければよいそうです。けれども、明《めい》治《じ》のころはとても自由《じゆう》だったようで、「自転《じてん》車《しゃ》 早吉《はやきち》」「電気燈《でんきとう》 光之助《ひかりのすけ》」や「三毛猫《みけねこ》 泣太《なきた》郎《ろう》」「黒猫《くろねこ》 白吉《しろきち》」など、今《いま》では考《かんが》えられない四股名《しこな》がたくさんありました。

タニマチ

お相撲《すもう》での意味《いみ》

力士《りきし》や相撲部屋《すもうべや》の経済的《けいざいてき》な援助《えんじょ》や、精神的《せいしんてき》なサポートをする人《ひと》のこと。

一般的《いっぱんてき》な意味《いみ》

相撲《すもう》の場合《ばあい》と同《おな》じ意味《いみ》で使《つか》われるが、経済的《けいざいてき》な援《えん》助《じょ》をするスポンサー的《てき》な意味合《いみあ》いが強《つよ》い。

例文《れいぶん》

きのうは**タニマチ**に、すし屋《や》に連《つ》れて行《い》ってもらいました。ごっつぁんです！

解説《かいせつ》 力士《りきし》から慕《した》われた外科医《げかい》がことばの由来《ゆらい》。この外科医《げかい》はけがをした力士《りきし》を無料《むりょう》で治療《ちりょう》し、自宅《じたく》の庭《にわ》に作《つく》った土俵《どひょう》を稽古用《けいこよう》に開放《かいほう》していたそうです。とくに金銭的《きんせんてき》な援助《えんじょ》はしておらず、また、ふだんから金持《かねも》ちからはお金《かね》をとり、貧乏《びんぼう》な人《ひと》からは一切《いっさい》お金《かね》をとらないお医者《いしゃ》さんだったとか。

お相《す》撲《もう》豆《まめ》知《ち》識《しき》

大阪《おおさか》・谷町《たにまち》は相撲《すもう》の町《まち》

「タニマチ」の由来《ゆらい》となった外科医《げかい》の病院《びょういん》があったのが、今《いま》の大阪市中央区谷町六丁目《おおさかしちゅうおうくたにまちろくちょうめ》あたり。ここから谷町筋《たにまちすじ》を南《みなみ》へ、谷町七丁目《たにまちななちょうめ》〜九丁目《きゅうちょうめ》と行《い》くと四天王寺《してんのうじ》があります。このあたりは、地名《ちめい》に下寺町《したでらまち》や生玉寺町《いくたまてらまち》とあるように、寺《てら》が多《おお》いエリア。大阪《おおさか》では、幕末《ばくまつ》に難波新地《なんばしんち》で勧進相撲《かんじんずもう》（P125参照《さんしょう》）が行《おこな》われていて、谷町《たにまち》の寺《てら》が力士《りきし》の宿舎《しゅくしゃ》となっていました。

そのなごりで、現在《げんざい》でも高砂部屋《たかさごべや》の大阪場所宿舎《おおさかばしょしゅくしゃ》は、谷町九丁目交差点近《たにまちきゅうちょうめこうさてんちか》くの久成寺《くじょうじ》。昔《むかし》は、伊勢《いせ》ヶ濱部屋《がはまべや》、春日野部屋《かすがのべや》、出羽海部屋《でわのうみべや》、立浪部屋《たつなみべや》なども谷町《たにまち》の寺《てら》が宿舎《しゅくしゃ》でした。また、四天王寺《してんのうじ》には大阪相撲《おおさかずもう》（P125参照《さんしょう》）の親方《おやかた》や行司《ぎょうじ》の墓《はか》が多《おお》く残《のこ》っています。

土《つち》がつく

お相撲《すもう》での意味《いみ》

負《ま》けること。相撲《すもう》では体《からだ》の一部《いちぶ》が土俵《どひょう》の外《そと》に出《で》るか、土俵《どひょう》の中《なか》で足《あし》の裏以外《うらいがい》の体《からだ》の部分《ぶぶん》が地面《じめん》につく、すなわち体《からだ》に土俵《どひょう》の土《つち》がつくと負《ま》けになることからこういうように。

一般的《いっぱんてき》な意味《いみ》

相撲《すもう》と同《おな》じ意味《いみ》で使《つか》われ、スポーツや勝負《しょうぶ》ごとに負《ま》けること。

例文《れいぶん》

おとうと弟子《でし》たちと大好《だいす》きな野球《やきゅう》チームの試合《しあい》を観《み》に来《き》たが、残念《ざんねん》ながら**土《つち》がついた**。

解説《かいせつ》 相手《あいて》を負《ま》かすことを「土《つち》をつける」といい、負《ま》けなしの全勝《ぜんしょう》を「土《つち》つかず」といいます。土《つち》と関連《かんれん》した表現《ひょうげん》で「砂《すな》」を使《つか》ったものもあります。土俵《どひょう》に一番近《いちばんちか》い席《せき》を「溜《たま》り席《せき》」といいますが、「砂《すな》かぶり」ともいいます。土俵《どひょう》の砂《すな》をかぶるほど近《ちか》い席《せき》ということです。

露《つゆ》払《はら》い

お相撲《すもう》での意味《いみ》

横綱《よこづな》土俵《どひょう》入《い》りの際《さい》に、先《せん》導《どう》をつとめる力士《りきし》。

一般的《いっぱんてき》な意味《いみ》

地位《ちい》や家柄《いえがら》の高《たか》い人《ひと》の先《さき》に立《た》って、その通《とお》り道《みち》を開《ひら》くことをいい、さらには行《ぎょう》列《れつ》などの先導《せんどう》をすることや、その役目《やくめ》の人《ひと》をいう。また、目上《めうえ》の人《ひと》を立《た》てるために、先《さき》立《だ》って何《なに》かをすること。

まずは
モノマネメドレー
から!
似《に》てる〜
いいぞ!

例文《れいぶん》

部屋《へや》の忘年会《ぼうねんかい》で恒例《こうれい》のかくし芸大会《げいたいかい》があり、**露払《つゆはら》い**として、モノマネメドレーを披露《ひろう》した。

解説《かいせつ》 横綱《よこづな》土俵《どひょう》入《い》りは、行司《ぎょうじ》のトップである立行司《たてぎょうじ》（横綱《よこづな》が複数《ふくすう》いる場合《ばあい》や、立行司《たてぎょうじ》がいない場合《ばあい》は立行司以外《たてぎょうじいがい》が行《おこな》うことも）に続《つづ》いて、露払《つゆはら》い役《やく》の力士《りきし》が横綱《よこづな》を先導《せんどう》し、太刀持《たちも》ち役《やく》の力士《りきし》が後《うし》ろに従《したが》います。通常《つうじょう》は同部屋《どうべや》か同《おな》じ一門《いちもん》の力士《りきし》で、露払《つゆはら》いは太刀持《たちも》ちより番付《ばんづけ》が下《した》の力士《りきし》がつとめます。

手《て》が合《あ》う

お相撲《すもう》での意味《いみ》

相撲界《すもうかい》の隠語《いんご》で、とても仲《なか》のいいこと。気《き》が合《あ》うこと。逆《ぎゃく》に仲《なか》が悪《わる》い、気《き》が合《あ》わないことを「手《て》が合《あ》わない」という。

一般的《いっぱんてき》な意味《いみ》

相撲《すもう》と同様《どうよう》、仲《なか》がいい、気《き》が合《あ》うという意味《いみ》で使《つか》われる。逆《ぎゃく》の「手《て》が合《あ》わない」も相撲《すもう》と同様《どうよう》、気《き》が合《あ》わないことをいう。同《おな》じような表現《ひょうげん》に「馬《うま》が合《あ》う」がある。

例文《れいぶん》

後輩力士《こうはいりきし》でタイプはちがうけれど、なぜか**手《て》が合《あ》う**から、休《やす》みの日《ひ》はいつも一緒《いっしょ》にいる。

解説《かいせつ》 相撲《すもう》で「手《て》」といえば、技《わざ》や相撲《すもう》の取《と》り口《くち》などの意味《いみ》で使《つか》われますが、取《と》り口《くち》が同《おな》じということから、考《かんが》えなどが似《に》ている、つまり気《き》が合《あ》うという意《い》味《み》なのかもしれません。また、「手《て》」には、人《ひと》との関《かか》わり合《あ》いや縁《えん》といった意《い》味《み》もあり、そこから来《き》ているとも考《かんが》えられます。

土《ど》左《ざ》衛《え》門《もん》

お相撲《すもう》での意味《いみ》

江戸時代《えどじだい》の享保年間《きょうほうねんかん》（1716〜1736年《ねん》）に実在《じつざい》した「成瀬川土左衛門《なるせがわどざえもん》」という、色白《いろじろ》で非常《ひじょう》に太《ふと》った力士《りきし》。

一般的《いっぱんてき》な意味《いみ》

おぼれて死《し》んだ人《ひと》の体《からだ》。水死体《すいしたい》の青白《あおじろ》くてふくれた様子《ようす》が、色白《いろじろ》で太《ふと》っていた成瀬川土左衛門《なるせがわどざえもん》に似《に》ていたことから、水死体《すいしたい》をこうよぶようになった。

例文《れいぶん》

海《うみ》で気《き》持《も》ちよく浮《う》かんでいたら、**土左衛門《どざえもん》**とまちがえられた。

解説《かいせつ》 死体《したい》に似《に》ているという、あまりうれしくないたとえになり、現代《げんだい》に語《かた》りつがれてしまった成瀬川土左衛門《なるせがわどざえもん》さん。江戸時代《えどじだい》に山東京伝《さんとうきょうでん》が書《か》いた『近世奇跡考《きんせいきせきこう》』によると、深川《ふかがわ》の富岡八幡宮《とみおかはちまんぐう》の勧進相撲《かんじんずもう》で東方前頭筆頭《ひがしかたまえがしらひっとう》に位置《いち》したことがあるようです。

土《ど》俵《ひょう》

お相撲《すもう》での意味《いみ》

競技場《きょうぎじょう》である土俵場《どひょうば》のこと。

一般的《いっぱんてき》な意味《いみ》

議論《ぎろん》や話《はな》し合《あ》いなどが行《おこな》われる場《ば》のこと。また「土俵《どひょう》がちがう」は、戦《たたか》う場所《ばしょ》がことなり、自分《じぶん》の実力《じつりょく》が十分《じゅうぶん》に発揮《はっき》できていないときに使《つか》う。

例文《れいぶん》

三《み》つ星《ぼし》フレンチのシェフにちゃんこを作《つく》らせても、おいしいかどうかはわからない。そもそも**土俵《どひょう》**がちがう。

解説《かいせつ》 力士《りきし》が土俵場《どひょうば》に入《はい》ることを「土俵《どひょう》に上《あ》がる」といいますが、このことばも日常《にちじょう》では、議論《ぎろん》や話《はな》し合《あ》いのための共通《きょうつう》の場《ば》に出《で》るという意味《いみ》で使《つか》います。また、専門《せんもん》とする分野《ぶんや》やテーマがちがう場合《ばあい》に、「土俵《どひょう》がちがう」ということがあります。

お相撲《すもう》豆知識《まめちしき》

土俵《どひょう》ボキャブラリー

「土俵《どひょう》」のほかに「土俵際《どひょうぎわ》」（P56参照《さんしょう》）ということばも一般《いっぱん》に使《つか》われるようになりましたが、相撲界《すもうかい》でのみ使《つか》われる土俵《どひょう》にまつわるいいまわしはたくさんあります。

よく聞《き》くのは「土俵《どひょう》を割《わ》る」。取組中《とりくみちゅう》に足《あし》が土俵《どひょう》の外《そと》に出《で》ることをいい、「俵《たわら》を割《わ》る」ということもあります。ただし、投《な》げ技《わざ》などで転《ころ》がるように出《で》た場合《ばあい》は使《つか》いません。「土俵《どひょう》に詰《つ》まる」は相手《あいて》に土俵際《どひょうぎわ》に追《お》い詰められた状態《じょうたい》のことをいいます。

また、土俵《どひょう》は「方屋《かたや》」ともいい、初日前日《しょにちぜんじつ》に神様《かみさま》を土俵《どひょう》に迎《むか》える儀式《ぎしき》である「土俵祭《どひょうまつり》」が行《おこな》われますが、これを「方屋開《かたやびら》き」ともいいます。

土《ど》俵《ひょう》際《ぎわ》

お相撲《すもう》での意味《いみ》

勝負《しょうぶ》の境界《きょうかい》をしめす、円《えん》形《けい》に並《なら》べられた俵《たわら》の内側《うちがわ》の部分《ぶぶん》。そこから出《で》たら負《ま》けになるというギリギリの部分《ぶぶん》。

一般的《いっぱんてき》な意味《いみ》

土壇場《どたんば》のこと。もう後《あと》がない、追《お》い詰《つ》められた状態《じょうたい》のこと。がけっぷちと同《おな》じような意味《いみ》で使《つか》われることが多《おお》い。

例文《れいぶん》

スー女《じょ》の〇〇ちゃんとのやり取《と》りを仲間《なかま》に見《み》られ、抜《ぬ》けがけしたのがばれて、**土俵際**《どひょうぎわ》に追《お》い詰《つ》められた。

解説《かいせつ》 まさに勝負《しょうぶ》がつくかつかないかのギリギリのところ。土俵際《どひょうぎわ》からが勝《しょう》負《ぶ》ともいいますが、ここで力士《りきし》は俵《たわら》に足《あし》をかけて土俵《どひょう》から出《で》ないようふんばります。まさに土俵際《どひょうぎわ》はふんばりどころなのです。土俵際に強《つよ》かった初代若《しょだいわか》乃花《のはな》を「かかとに目《め》がある」などということもありました。

ねばり腰《ごし》

お相撲《すもう》での意味《いみ》

ねばり強《づよ》くて、簡単《かんたん》にはくずれない腰《こし》のこと。相手《あいて》の投《な》げをくらっても土俵上《どひょうじょう》によく残《のこ》すことができることで、「二枚腰《にまいごし》」「残《のこ》り腰《ごし》」ともいう。

一般的《いっぱんてき》な意味《いみ》

一般的《いっぱんてき》には「腰《こし》」は、物《もの》ごとに対《たい》する姿勢《しせい》や態度《たいど》を表《あらわ》し、ねばり強《づよ》い態度《たいど》のことをいう。

君《きみ》は相撲《すもう》をするために生《う》まれてきた！
親方《おやかた》、今日《きょう》も来《き》たんスカ〜
YAKYU
YAKYU

例文《れいぶん》

野球部《やきゅうぶ》だった○○君《くん》に親方《おやかた》が一目《ひとめ》ぼれ。相撲《すもう》には興味《きょうみ》がなかった○○君《くん》を親方得意《おやかたとくい》の**ねばり腰《ごし》**で入門《にゅうもん》させた。

解説《かいせつ》 相撲《すもう》で「腰《こし》」はとても重要《じゅうよう》で、相撲《すもう》の取《と》り口《くち》や動作《どうさ》を表《あらわ》す際《さい》によく登場《とうじょう》することばです。「腰《こし》を割《わ》る」は、両《りょう》ひざを開《ひら》いて腰《こし》を落《お》とし、重心《じゅうしん》を低《ひく》くした姿勢《しせい》。「腰《こし》が浮《う》く」は、重心《じゅうしん》が高《たか》くなってしまった状態《じょうたい》。そのほか「腰《こし》くだけ」（P37参照《さんしょう》）などがあります。

コラム 4

お相《す》撲《もう》の地《ち》名《めい》

江戸時代《えどじだい》、大名《だいみょう》が強《つよ》い力士《りきし》を召《め》し抱《かか》える（家来《けらい》として雇《やと》う）ことは、強《つよ》い藩《はん》の象徴《しょうちょう》でした。実際《じっさい》に相撲好《すもうず》きな大名《だいみょう》も多《おお》かったようです。

相撲《すもう》に関《かか》わる人《ひと》が住《す》んだ「相撲町《すもうちょう》」

日本《にほん》の地名《ちめい》の中《なか》には、その昔《むかし》、相撲《すもう》と関係《かんけい》があったのではないかと思《おも》えるような地名《ちめい》があります。

たとえば、琵琶湖《びわこ》に面《めん》した滋賀県長浜市《しがけんながはまし》には、相撲町《すまいちょう》があります。「すまい」は「すもう」の古《ふる》いいい方《かた》です。ここはかつては、相《す》撲村《まいむら》だったところで、宮中《きゅうちゅう》の儀式《ぎしき》のひとつである相撲節《すまいのせち》（P126参照《さんしょう》）の費用《ひよう》をまかなうための用地《ようち》だったことから、室町時代《むろまちじだい》より地《ち》名《めい》に「相撲」の字《じ》が使《つか》われていました。

石川県金沢市片町二丁目《いしかわけんかなざわしかたまちにちょうめ》は、昔《むかし》、相撲町《すもうちょう》とよばれていました。江戸時代前期《えどじだいぜんき》、加賀藩三《かがはんさん》代藩主前田利常《だいはんしゅまえだとしつね》の時代《じだい》に、力士《りきし》を召《め》し抱《かか》えてここに住《す》まわせたことにちなむといわれています。

また、熊本市安政町《くまもとしあんせいまち》・下通一丁目《しもとおりいっちょうめ》のあたりは、かつては相撲町《おすもうちょう》とよばれていました。やはりここも、相撲関係者《すもうかんけいしゃ》が多《おお》く住《す》んでいたので、そのようによばれたそうです。

両国《りょうごく》にある地名《ちめい》にご注意《ちゅうい》を！

ところで、両国国技館《りょうごくこくぎかん》は、東京都墨田区《とうきょうとすみだく》横綱一丁目《いっちょうめ》にあります。おやっと思《おも》いませんか？　さすが、相撲《すもう》は「よこづな」という所《ところ》でやっているんだって。でも、よく見《み》てください。〝横綱《よこづな》〟ではなく〝横網《よこあみ》〟なんです。「綱《つな》」と「網《あみ》」、よく似《に》た漢字《かんじ》ですが、国技館《こくぎかん》があるのは「よこあみ」なのです。

番《ばん》狂《くる》わせ

お相撲《すもう》での意味《いみ》

勝負《しょうぶ》が実力《じつりょく》から予想《よそう》される結果《けっか》とは別《べつ》の結果《けっか》になること。

一般的《いっぱんてき》な意味《いみ》

格下《かくした》のチームや選手《せんしゅ》が格《かく》上《うえ》に勝《か》つなど、予想外《よそうがい》の結《けっ》果《か》になることや、予期《よき》しない事態《じたい》で思惑《おもわく》どおりに物《もの》ごとが進《すす》まないことをいい、相撲《すもう》以外《いがい》のスポーツでも使《つか》われる。

わんこそばえびすこ 対決《たいけつ》
まだまだいけます
スゴイ!!
うそだろ〜
もうムリ…

例文《れいぶん》

部屋《へや》のイベントで行《おこな》われた「わんこそばえびすこ*対決《たいけつ》」。床山《とこやま》さんが優勝《ゆうしょう》という**番狂《ばんくる》わせ**がおきた。（*P87参照《さんしょう》）

解説《かいせつ》 相撲《すもう》では、取組《とりくみ》の単位《たんい》を「番《ばん》」といい、ランク付《づ》けを「番付《ばんづけ》」といいますが、「番狂《ばんくる》わせ」の「番《ばん》」は、取組《とりくみ》の意味《いみ》ではなく、順番《じゅんばん》の「番《ばん》」と考《かんが》えるのがよいでしょう。順番《じゅんばん》どおりに物《もの》ごとが進《すす》まなくなること、順番《じゅんばん》を狂《くる》わせることを意味《いみ》しています。

人《ひと》のふんどしで相《す》撲《もう》を取《と》る

お相撲《すもう》での意味《いみ》

相撲《すもう》ということばを使《つか》った表現《ひょうげん》だが、現実《げんじつ》ではありえない行為《こうい》。また、力士《りきし》が締《し》めるのは、正《ただ》しくはふんどしではなく、まわし。

一般的《いっぱんてき》な意味《いみ》

人《ひと》の物《もの》（＝ふんどし）を利用《りよう》して、自分《じぶん》の役《やく》に立《た》てることのたとえで使《つか》われる。他《た》人《にん》を利用《りよう》する、便乗《びんじょう》すること。

例文《れいぶん》

僕《ぼく》が折《お》った番付《ばんづけ》を自分《じぶん》のタニマチ*に送《おく》るなんて、**人《ひと》のふんどしで相《す》撲《もう》を取《と》る**にもほどがある！（*P48参照《さんしょう》）

解説《かいせつ》 人《ひと》のふんどしはできればつけたくないものですが、同様《どうよう》の表現《ひょうげん》に「人《ひと》の太刀《たち》で功名《こうみょう》する」「人《ひと》の提灯《ちょうちん》で明《あ》かりを取《と》る」といったものがあります。自分《じぶん》では考《かんが》えずに人《ひと》のアイディアを利用《りよう》するなど、ずるがしこいニュアンスがあります。

ひとり相《ず》撲《もう》

お相撲《すもう》での意味《いみ》

ひとりで動《うご》き回《まわ》り、相手《あいて》をほんろうするつもりが、勝《かっ》手《て》にこけたりして負《ま》けること。また、各地《かくち》の伝統行事《でんとうぎょうじ》で、ひとりだけで土俵《どひょう》に上《あ》がり、あたかも相手《あいて》があって相撲《すもう》を取《と》っているような所作《しょさ》をするもの。

一般的《いっぱんてき》な意味《いみ》

相手《あいて》がなかったり、あっても問題《もんだい》にされていなかったりするのに、ひとりで夢中《むちゅう》になってそのことに取《と》り組《く》むこと。また、その結果《けっか》何《なに》も得《え》ないこと。

例文《れいぶん》

元力士《もとりきし》に誘《さそ》われて行《い》った食事会《しょくじかい》で、はす向《む》かいの彼女《かのじょ》の視線《しせん》にドキドキ。しかし完全《かんぜん》な**ひとり相撲《ずもう》**に終《お》わった。

解説《かいせつ》 本来《ほんらい》の相撲《すもう》での意味《いみ》は、神事《しんじ》として行《おこな》われる「ひとり相撲《ずもう》」のことで、今風《いまふう》にいうとエア相撲《ずもう》……でしょうか。相手《あいて》がいないという意味《いみ》で、一般《いっぱん》に使《つか》われる際《さい》は、相手《あいて》のことを考《かんが》えずに、ひとりよがりに物《もの》ごとを進《すす》めるというような意味合《いみあ》いになります。

お相《す》撲《もう》豆《まめ》知《ち》識《しき》

神事《しんじ》とひとり相撲《ずもう》

神事《しんじ》として今《いま》に伝《つた》わるものとしては、愛媛《えひめ》県《けん》今治市《いまばりし》大三島町《おおみしまちょう》の大山祇神社《おおやまづみじんじゃ》の「一人角力《ひとりずもう》」が有名《ゆうめい》です。正確《せいかく》にはひとりで取《と》っているのではなく、稲《いね》の精霊《せいれい》を相手《あいて》に取《と》って、合計《ごうけい》3番《ばん》取《と》ります。1番目《ばんめ》は精霊《せいれい》が勝《か》ち、2番目《ばんめ》は人間《にんげん》（一力山《いちりきやま》という力士《りきし》）、3番目《ばんめ》は精霊《せいれい》が勝《か》つ決《き》まりで、精霊《せいれい》の2勝《しょう》1敗《ぱい》となり、稲《いね》の豊作《ほうさく》を願《ねが》い、感謝《かんしゃ》するのです。

江戸時代《えどじだい》には、大道芸《だいどうげい》としても行《おこな》われていました。ひとりで二役《ふたやく》をこなし、ときに行司《ぎょうじ》役《やく》まで演《えん》じ、ひとりで投《な》げを打《う》ったり投《な》げられたりと、観客《かんきゃく》をおおいに笑《わら》わせました。このようなひとり相撲《ずもう》は「独《ひと》り相撲《ずもう》」と書《か》きます。

ぶちかます

お相撲《すもう》での意味《いみ》

立《た》ち合《あ》いのときに相手《あいて》に勢《いきお》いよく頭《あたま》であたること。名詞形《めいしけい》は「ぶちかまし」。腰《こし》を下《さ》げておでこであたるのがよいとされる。

一般的《いっぱんてき》な意味《いみ》

強《つよ》い力《ちから》やことばで相手《あいて》に衝撃《しょうげき》を与《あた》えること。とくに大《おお》きな打撃《だげき》となるような、強烈《きょうれつ》な一撃《いちげき》を与《あた》えることをいう。

例文《れいぶん》

親方《おやかた》が大《おお》きなおならを**ぶちかました**。

解説《かいせつ》「ぶち」は「打《ぶ》つ」、「かます」は「噛《か》ます」。いずれも強《つよ》い衝撃《しょうげき》を表《あらわ》すことばです。「打《ぶ》つ」は動詞《どうし》の前《まえ》についてその意味《いみ》を強調《きょうちょう》する接頭語《せっとうご》で、「打《ぶ》ち壊《こわ》す」というのもこの字《じ》を使《つか》います。ここでは相手《あいて》がひるむような衝撃的《しょうげきてき》な言《げん》動《どう》を与《あた》えるという意味《いみ》の「噛《か》ます」を強調《きょうちょう》しています。

懐《ふところ》が深《ふか》い

お相撲《すもう》での意味《いみ》

背《せ》が高《たか》くて腕《うで》が長《なが》く、腕《うで》と胸《むね》の間《あいだ》にできる空間《くうかん》（懐《ふところ》）が広《ひろ》い力士《りきし》のこと。四《よ》つ（P29参照《さんしょう》）に組《く》んだとき、相手《あいて》に懐《ふところ》に入《はい》られてもまわしをつかみやすいなどの利点《りてん》がある。

一般的《いっぱんてき》な意味《いみ》

度量《どりょう》が広《ひろ》い、能力《のうりょく》や人間《にんげん》性《せい》に幅《はば》があるという意味《いみ》。心《こころ》が広《ひろ》いこと、包容力《ほうようりょく》があること。

ぐすん
スンマセン…
仕方《しかた》ないねぇ〜

例文《れいぶん》

相撲部屋《すもうべや》を何度《なんど》脱走《だっそう》しても、あたたかく迎《むか》えてくれるおかみさんは、**懐《ふところ》が深《ふか》い**。

解説《かいせつ》 相撲《すもう》では「懐《ふところ》」を使《つか》った表現《ひょうげん》がほかにもあります。「懐《ふところ》に入《はい》る」「懐《ふところ》に飛《と》び込《こ》む」は、小《ちい》さな力士《りきし》が大《おお》きな力士《りきし》の懐《ふところ》に入って、体《からだ》を密着《みっちゃく》させること。「懐《ふところ》に呼《よ》び込《こ》む」は、懐《ふところ》に入《はい》られてしまって自分《じぶん》の体勢《たいせい》がくずれてしまうことや、逆《ぎゃく》に相手《あいて》を抱《だ》き込《こ》むようにして動《うご》きを封《ふう》じること。

ふんどしかつぎ

お相撲《すもう》での意味《いみ》

番付《ばんづけ》が下位《かい》の序《じょ》ノ口《くち》、序二《じょに》段《だん》の力士《りきし》を俗《ぞく》にこういう。下位《かい》の力士《りきし》は、関取《せきとり》のふんどし（まわし）を持《も》ち運《はこ》ぶことから、こうよぶようになった。

一般的《いっぱんてき》な意味《いみ》

その世界《せかい》でもっとも低《ひく》い位《い》置《ち》にいる者《もの》をいう。まだまだ未熟《みじゅく》な者《もの》のこと。下《した》っぱのこと。

もう追《お》い越《こ》されちゃったよ〜
小結昇進！
ふんどしかつぎだったのになぁ

例文《れいぶん》

ついこの前《まえ》まで**ふんどしかつぎ**だったのに、実力《じつりょく》をつけ、あれよあれよという間《ま》に小結《こむすび》に上《あ》がった。

解説《かいせつ》 「ふんどしかつぎ」は、いわば荷物持《にもつも》ち。相撲界《すもうかい》では、地位《ちい》の低《ひく》い力士《りきし》は付《つ》け人《びと》として関取《せきとり》（十両以上《じゅうりょういじょう》の力士《りきし》）の開荷《あけに》（P125参照《さんしょう》）を運《はこ》びます。ちなみに、関取《せきとり》が取組《とりくみ》で締《し》めるのは「締《し》め込《こ》み」という絹《きぬ》の織物《おりもの》で、稽古《けいこ》では綿《めん》の白《しろ》いまわしを締《し》めます。幕下以下《まくしたいか》は稽古《けいこ》も取組《とりくみ》も黒《くろ》のまわしです。

前《まえ》さばきがうまい

お相撲《すもう》での意味《いみ》

「前《まえ》さばき」は、立《た》ち合《あ》い直後《ちょくご》の差《さ》し手争《てあらそ》いから、組《く》み合《あ》う体勢《たいせい》にいたるまでのいろいろな動作《どうさ》のことで、それがうまいこと。

一般的《いっぱんてき》な意味《いみ》

物《もの》ごとを順調《じゅんちょう》に進《すす》めるため、あらかじめ行《おこな》う処理《しょり》や下準備《したじゅんび》がうまいという意《い》味《み》。「前《まえ》さばき」は根回《ねまわ》しという意味合《いみあ》いも。

親方《おやかた》に伝《つた》える前《まえ》にまずは根回《ねまわ》しだな…
後援会長《こうえんかいちょう》
床山《とこやま》さん
関取《せきとり》
おかみさん
新入《しんい》り

例文《れいぶん》

ちゃんこ場《ば》に大《おお》きいテレビを買《か》いたいが、親方《おやかた》へのお願《ねが》いは、**前《まえ》さばき**をうまくすることが大切《たいせつ》だ。

解説《かいせつ》「前《まえ》さばき」の「さばき」は「捌《さば》く」という意味《いみ》で、からまったり、混乱《こんらん》したりしたものをときほぐす、または整理《せいり》することで、手早《てばや》く処理《しょり》をするという意《い》味合《みあ》いです。「前《まえ》さばきがうまい」は、相撲《すもう》では自分《じぶん》が得意《とくい》な組《く》み手《て》になるのがうまい人《ひと》のことも指《さ》し、「前《まえ》さばきがよい」ともいいます。

待《ま》ったなし

お相撲《すもう》での意味《いみ》

仕切《しき》りの制限時間《せいげんじかん》がいっぱいになり、これ以上待《いじょうま》ったができないこと。行司《ぎょうじ》が「待《ま》ったなし」「待《ま》ったありません」と声《こえ》をかける。

一般的《いっぱんてき》な意味《いみ》

しめ切《き》りなどの期限《きげん》や時間《じかん》が差《さ》し迫《せま》っていて、もう少《すこ》しの猶予《ゆうよ》もないこと。これ以上《いじょう》、先延《さきの》ばしにできないこと。

例文《れいぶん》

今回《こんかい》の新弟子検査《しんでしけんさ》が年齢制限《ねんれいせいげん》ギリギリだ。**待《ま》ったなし**の状況《じょうきょう》だ。

解説《かいせつ》 相撲《すもう》の立《た》ち合《あ》いは、何度《なんど》か仕切《しき》りを重《かさ》ねますが、時間《じかん》がくると、土俵下《どひょうした》にいる時計係《とけいがかり》の親方《おやかた》の合図《あいず》で「待《ま》ったなし」となります。いわば時間《じかん》ですということ。一般《いっぱん》でもすぐ始《はじ》めなければならない状態《じょうたい》を指《さ》しますが、加《くわ》えて、やり直《なお》しがきかないという意味合《いみあ》いもあります。

お相撲豆知識《すもうまめちしき》

いろいろな「待《ま》った」

相撲《すもう》で「待《ま》った」とは、立《た》ち合《あ》いで相手《あいて》が立《た》とうとしたのに、もう一方《いっぽう》が立《た》たないなど、タイミングが合《あ》わず、やり直《なお》しをするように求《もと》めること。立《た》ち合《あ》いで手《て》つきが不十分《ふじゅうぶん》であったときや呼吸《こきゅう》が合《あ》わなかったときは、行司《ぎょうじ》が「待《ま》った」をかけて取組《とりくみ》を止《と》めます。これを「行司待《ぎょうじま》った」ということも。

取組中《とりくみちゅう》に、まわしがほどけそうなときも行司《ぎょうじ》が「待《ま》った」をかけます。そして行司《ぎょうじ》が土俵上《ひょうじょう》でまわしを締《し》め直《なお》し、取組《とりくみ》が再開《さいかい》されますが、これは「まわし待《ま》った」とも。

また、囲碁《いご》や将棋《しょうぎ》の対局《たいきょく》でも「待《ま》った」がありますが、これは相撲《すもう》の「待《ま》った」とは、少《すこ》し意味《いみ》がことなります（P74参照《さんしょう》）。

水《みず》が入《はい》る

お相撲《すもう》での意味《いみ》

十両《じゅうりょう》以上《いじょう》の取組《とりくみ》が長引《ながび》いたとき、一旦取組《いったんとりくみ》を止《と》めること。これを「水入《みずい》り」といい、略《りゃく》して「水《みず》」ということも。おおよそ4～5分《ふん》で勝負《しょうぶ》がつかない場合《ばあい》に入《はい》る。

一般的《いっぱんてき》な意味《いみ》

同様《どうよう》に議論《ぎろん》の場《ば》などで、結論《けつろん》がでなかったり、決着《けっちゃく》がつかないときに、一旦《いったん》小《しょう》休止《きゅうし》を入《い》れること。

例文《れいぶん》

ちゃんこ*のメニューがなかなか決《き》まらず、一旦《いったん》**水《みず》が入《はい》った。**
（＊P86参照《さんしょう》）

解説《かいせつ》 十両《じゅうりょう》以上《いじょう》の取組《とりくみ》が長引《ながび》いて両者《りょうしゃ》が取《と》り疲《つか》れると、行司《ぎょうじ》が審判長《しんぱんちょう》の指《し》示《じ》で「待《ま》った」をかけて取組《とりくみ》を止《と》めることがあります。このとき、力士《りきし》は一旦《いったん》土俵脇《どひょうわき》に下《さ》がって、力水《ちからみず》を口《くち》に含《ふく》んだり、飲《の》んだりして休息《きゅうそく》をとることから「水《みず》が入《はい》る」といいます。日常《にちじょう》では、コーヒーブレイク的《てき》な意味合《いみあ》いも。

お相《す》撲《もう》豆《まめ》知《ち》識《しき》

お相撲《すもう》と水《みず》

力士《りきし》が土俵上《どひょうじょう》で行《おこな》う所作《しょさ》（ふるまい）には、水《みず》にかかわるものがあります。取組前《とりくみまえ》に、ひしゃくの水《みず》を口《くち》に含《ふく》んで、はき出《だ》すのが「力水《ちからみず》」。口《くち》を清《きよ》めるために行《おこな》います。

横綱土俵入《よこづなどひょうい》りや取組前《とりくみまえ》に、力士《りきし》が蹲踞《そんきょ》（P26参照《さんしょう》）して両手《りょうて》をもむようにし、拍手《かしわで》（神社《じんじゃ》などで拝礼《はいれい》するときに、音《おと》を出《だ》して両手《りょうて》のひらを打《う》ち合《あ》わせること）を打《う》って腕《うで》を広《ひろ》げて手《て》のひらを返《かえ》します。この一連《いちれん》の所作《しょさ》を「塵手水《ちりちょうず》」といいます。「手水《ちょうず》」は神社《じんじゃ》や寺《てら》で手《て》を清《きよ》める水《みず》のこと。昔《むかし》は屋外《おくがい》で相撲《すもう》を取《と》っていて、水《みず》がないため雑草《ざっそう》で手《て》を清《きよ》めたといいますが、手《て》をもむしぐさは草《くさ》をもんで手《て》を清《きよ》めているしぐさを表《あらわ》します。

胸《むね》を借《か》りる

お相撲《すもう》での意味《いみ》

稽古《けいこ》で下位《かい》の力士《りきし》が上位《じょうい》の力士《りきし》に相手《あいて》をしてもらうこと。逆《ぎゃく》に、上《うえ》の立場《たちば》の者《もの》からすると「胸《むね》を貸《か》す」となる。

一般的《いっぱんてき》な意味《いみ》

相撲《すもう》と同様《どうよう》に、実力《じつりょく》や立場《たちば》が下《した》の者《もの》が上《うえ》の者《もの》に相手《あいて》になってもらうこと。また、そのような気持《きも》ちで対戦《たいせん》すること、挑《いど》むこと。

例文《れいぶん》

歌《うた》の上手《じょうず》な兄弟子《あにでし》とカラオケに行《い》った。兄弟子《あにでし》の**胸《むね》を借《か》りて**サビをハモった。

解説《かいせつ》 相撲《すもう》の基本的《きほんてき》な稽古《けいこ》に、頭《あたま》で相手《あいて》の胸《むね》にぶつかる「ぶつかり稽古《げいこ》」があります(下《した》の「お相撲豆知識《すもうまめちしき》」参照《さんしょう》)。ここから、「胸《むね》を借《か》りる」「胸《むね》を貸《か》す」ということばが生《う》まれ、さらに、実力《じつりょく》が上《うえ》の兄弟子《あにでし》の胸《むね》にぶつかることが多《おお》いことから、上記《じょうき》のような意味《いみ》で使《つか》われるようになったと考《かんが》えられます。

お相《す》撲《もう》豆《まめ》知《ち》識《しき》

お相撲《すもう》の稽古《けいこ》

相撲《すもう》の基本《きほん》の稽古《けいこ》には、同《おな》じ相手《あいて》と何番《なんばん》も取《と》る「三番稽古《さんばんげいこ》」、勝《か》ち残《のこ》りで負《ま》けるまで取《と》り続《つづ》ける「申《もう》し合《あ》い稽古《げいこ》」、そして一方《いっぽう》の力士《りきし》がもう一方《いっぽう》の力士《りきし》に胸《むね》を出《だ》す、「ぶつかり稽古《げいこ》」がありますが、「ぶつかり稽古《げいこ》」では、まさに胸《むね》を使《つか》います。力士《りきし》の胸《むね》に、もう一方《いっぽう》の力士《りきし》がぶつかって、土俵《どひょう》のはしからはしまで押《お》します。これを何度《なんど》もくりかえして、最後《さいご》に突《つ》き落《お》としでごろんと転《ころ》がされます。押《お》す側《がわ》がつらいのはもちろん、胸《むね》を出《だ》す力士《りきし》も、ぶつかりが激《はげ》しくて肋骨《ろっこつ》が折《お》れることもあるといいます。

稽古《けいこ》はこのほか、鉄砲柱《てっぽうばしら》を使《つか》って突《つ》っ張《ぱ》りの稽古《けいこ》をする「鉄砲《てっぽう》」などがあります。

コラム 5

お相撲《すもう》のことばと囲碁《いご》・将棋《しょうぎ》のことば

将棋《しょうぎ》の禁《きん》じ手《て》には「歩《ふ》」の駒《こま》がタテに2枚《まい》並《なら》ぶ「二歩《にふ》」などがあります。相撲《すもう》の巡業《じゅんぎょう》などでは、余興《よきょう》として相撲《すもう》の禁《きん》じ手《て》をおもしろおかしく紹介《しょうかい》する「初《しょ》っ切《き》り」が行《おこな》われます。

勝負《しょうぶ》ごとに共通《きょうつう》のことば

相撲《すもう》と囲碁《いご》・将棋《しょうぎ》では、土俵《どひょう》の上《うえ》か盤《ばん》の上《うえ》かというちがいはありますが、同《おな》じ勝負《しょうぶ》ごとであり、共通《きょうつう》することばがいくつかあります。

たとえば、「禁《きん》じ手《て》」。どちらも禁《きん》じられている技《わざ》、または手《て》（P21参照《さんしょう》）のことで、これを用《もち》いると反則負《はんそくま》けになります。相撲《すもう》では、こぶしで打《う》つ、まげをつかむなどがあります。

ほかに、自分《じぶん》よりもずっと上位《じょうい》にある相手《あいて》をよく負《ま》かすことを「大物食《おおものぐ》い」といいますが、これも共通《きょうつう》して使《つか》われる語《ご》です。

意味《いみ》がことなる「待《ま》った」

「角番《かどばん》」は、相撲《すもう》では負《ま》け越《こ》せば番付《ばんづけ》の地位《ちい》が下《さ》がる場所《ばしょ》や状態《じょうたい》のことで、おもに大関《おおぜき》に対《たい》して使《つか》い、「角番大関《かどばんおおぜき》」といいます。これはもともと囲碁《いご》・将棋《しょうぎ》のことばで、あらかじめ対局数《たいきょくすう》を決《き》めて勝負《しょうぶ》を行《おこな》うとき、負《ま》け越《こ》している側《がわ》からみて、あと1敗《ぱい》すれば負《ま》けが決《き》まる対局《たいきょく》などをいいます。なぜ「角《かど》」なのかはよくわかっていませんが、勝負《しょうぶ》の曲《ま》がり角《かど》、局面《きょくめん》といったニュアンスからなのかもしれません。

「待《ま》った」は、相撲《すもう》では制限時間《せいげんじかん》いっぱいになると、行司《ぎょうじ》が「待《ま》ったなし」「待ったありません」と声《こえ》をかけます（P68参照《さんしょう》）。囲碁《いご》・将棋《しょうぎ》では自分《じぶん》が不利《ふり》とみて、相手《あいて》の指《さ》した手《て》を待《ま》ってもらうときに発《はっ》する声《ごえ》。これも意味《いみ》がことなります。

物《もの》言《い》い

お相撲《すもう》での意味《いみ》

行司《ぎょうじ》の判定《はんてい》に土俵下《どひょうした》の審《しん》判《ぱん》委員《いいん》や控《ひか》え力士《りきし》が異議《いぎ》を申《もう》し出《で》ること。「物言《ものい》いをつける」「物言《ものい》いがつく」という。

一般的《いっぱんてき》な意味《いみ》

判定《はんてい》や意見《いけん》に対《たい》して、異議《いぎ》をとなえる、反論《はんろん》するという意味《いみ》。

例文《れいぶん》

中学《ちゅうがく》を卒業《そつぎょう》したら大相撲《おおずもう》に入門《にゅうもん》しようと思《おも》っていたが、母親《ははおや》から**物言《ものい》い**がついた。

解説《かいせつ》 一般的《いっぱんてき》には「物言《ものい》い」には、物《もの》のいい方《かた》といったことばづかいを指《さ》す場《ば》合《あい》や、いい争《あらそ》いや口論《こうろん》を指《さ》すこともありますが、相撲《すもう》を語源《ごげん》とする「物言《ものい》い」は、相撲《すもう》と同様《どうよう》判定《はんてい》に対《たい》する異議《いぎ》をとなえるという意味《いみ》。ちなみに異議《いぎ》を申《もう》し立《た》てるという表現《ひょうげん》では「ひとこと物申《ものもう》す」というものも。

お相撲《すもう》豆《まめ》知《ち》識《しき》

「行司《ぎょうじ》差《さ》し違《ちが》え」と「同《どう》体《たい》取《と》り直《なお》し」

物言《ものい》いがつくと、土俵下《どひょうした》に控《ひか》える5人《にん》の審《しん》判《ぱん》の親方《おやかた》が土俵上《どひょうじょう》に上《あ》がり、ビデオ室《しつ》の親方《おやかた》とマイクやイヤホンで話《はなし》をしながら協議《きょうぎ》をします。土俵下《どひょうした》には次《つぎ》の取組《とりくみ》のために控《ひか》えている「控《ひか》え力士《りきし》」、または結《むす》び前《まえ》1番《ばん》の取組《とりくみ》で勝《か》って残《のこ》る「勝《か》ち残《のこ》り」の力士《りきし》、負《ま》けて残《のこ》る「負《ま》け残《のこ》り」の力士《りきし》が控《ひか》えており、物言《ものい》いをつけることができますが、協議《きょうぎ》に加《くわ》わることはできません。

物言《ものい》いがついて判定《はんてい》がくつがえることを「行司《ぎょうじ》差《さ》し違《ちが》え」といいます。

また、土俵《どひょう》から出《で》たり、体《からだ》が地面《じめん》についたりするのが同時《どうじ》の場合《ばあい》は「同体取《どうたいと》り直《なお》し」といって、取組《とりくみ》をやり直《なお》します。

八《や》百《お》長《ちょう》

お相撲《すもう》での意味《いみ》
前《まえ》もって勝負《しょうぶ》の行方《ゆくえ》を打《う》ち合《あ》わせること。また、わざと行《おこな》う無気力《むきりょく》相撲《ずもう》のこと。

一般的《いっぱんてき》な意味《いみ》
前《まえ》もって示《しめ》し合《あ》わせ、うわべだけの勝負《しょうぶ》をして、さりげなくよそおうこと。そこから転《てん》じて、なれあいで物《もの》ごとがはこぶことなどをいう。

また負《ま》けました…
くぅ〜
ヒヒヒ
次《つぎ》は少《すこ》し手《て》加減《かげん》しますよ〜

例文《れいぶん》
おとうと弟子《でし》の囲碁《いご》の腕前《うでまえ》はプロ級《きゅう》だ。でも、**八百長《やおちょう》**で勝《か》たせてもらうなんてごめんだ。

解説《かいせつ》 諸説《しょせつ》ありますが、八百長《やおちょう》とは八百屋《やおや》の長吉《ちょうきち》、通称八百長《つうしょうやおちょう》という明治時《めいじじ》代《だい》の実在《じつざい》の人物《じんぶつ》。囲碁好《いごず》きの伊勢《いせ》ノ海親方《うみおやかた》とよく碁《ご》を打《う》っていましたが、勝《か》てる腕前《うでまえ》なのに、巧《たく》みにあしらっていつも1勝《しょう》1敗《ぱい》となるよう手加減《てかげん》していたそうです。そこから八百長《やおちょう》ということばが生《う》まれたとか。

横綱《よこづな》

お相撲《すもう》での意味《いみ》

力士《りきし》の最高位《さいこうい》の階級《かいきゅう》。その力士《りきし》のこと。また、横綱《よこづな》が土俵入《どひょうい》りのときに締《し》める、麻《あさ》ともめんをよった綱《つな》のことも指《さ》す。

一般的《いっぱんてき》な意味《いみ》

そのジャンルや世界《せかい》の中《なか》で一番《いちばん》のものをいう。とくに番付《ばんづけ》にたとえて「東《ひがし》の横綱《よこづな》」「西《にし》の横綱《よこづな》」と比較《ひかく》していうこともある。

例文《れいぶん》

ちゃんこ長《ちょう》のカレーも絶品《ぜっぴん》だが、お母《かあ》さんのカレーはカレーの**横綱《よこづな》**だ。

解説《かいせつ》 「横綱《よこづな》」は、もともとは力士《りきし》の階級《かいきゅう》ではなく、最高位《さいこうい》は大関《おおぜき》でした。そもそも横綱《よこづな》とは、土俵入《どひょうい》りのため化粧《けしょう》まわしの上《うえ》に垂《しで》（四手《しで》）とよばれる紙《かみ》をたらした白麻《しろあさ》の太《ふと》い綱《つな》を締《し》めることをゆるされた大関力士《おおぜきりきし》のことで、明治時代《めいじじだい》になって横綱《よこづな》という地位《ちい》ができました。

脇《わき》が甘《あま》い

お相撲《すもう》での意味《いみ》

四《よ》つに組《く》むときに、ひじを体《からだ》にしっかりとつけなかったために、相手《あいて》に有利《ゆうり》な組《く》み手《て》をされたり、はず押《お》し（P127参照《さんしょう》）をゆるしてしまったりする体勢《たいせい》のこと。

一般的《いっぱんてき》な意味《いみ》

守《まも》りが弱《よわ》いさま。考《かん》えややり方《かた》が雑《ざつ》で、抜《ぬ》けがあったり、注意不足《ちゅういぶそく》だったりすること。

もう何度目《なんどめ》だ!?
すんません！コンビニでちょっとアイス買《か》ってる間《あいだ》に……!!

例文《れいぶん》

またカギをかけ忘《わす》れて自転車《じてんしゃ》をぬすまれた。おまえは**脇《わき》が甘《あま》すぎる！** と親方《おやかた》におこられた。

解説《かいせつ》 押《お》し相撲《ずもう》では、両方《りょうほう》のひじをしっかりと脇腹《わきばら》につけ、脇《わき》をしめて前《まえ》に出《で》るのが基本《きほん》です。それを「脇《わき》を固《かた》める」といい、しっかりと脇《わき》がしまっているさまを「脇《わき》が固《かた》い」といいます。一般的《いっぱんてき》にも「脇《わき》を固《かた》める」といいますが、体《からだ》の部位《ぶい》ではなく「かたわら」「すぐ近《ちか》く」という意味合《いみあ》いが強《つよ》いです。

第《だい》2章《しょう》

お相撲《すもう》の隠《かく》しことば

決《き》まった仲間《なかま》や専門家《せんもんか》の間《あいだ》だけで使《つか》われることばは、相撲界《すもうかい》にもあります。そんな相撲界《すもうかい》の専門用語《せんもんようご》、業界用語《ぎょうかいようご》を知《し》れば、相撲通《すもうつう》へ一直線《いっちょくせん》！ 前半《ぜんはん》はお金《かね》やごはん、稽古《けいこ》などジャンルごとに、後半《こうはん》はクイズ形式《けいしき》でご紹介《しょうかい》。ことば遊《あそ》びのような、とんちのきいた隠《かく》しことばを楽《たの》しく学《まな》びましょう。

お金《かね》にまつわる隠しことば

❶［現金《げんきん》］

骨折《ほねお》り

お手《て》伝《つだ》いなどに対《たい》するお礼《れい》や報《ほう》酬《しゅう》のこと。

そうめん代《だい》

かつて、巡業《じゅんぎょう》に出《で》たときに与《あた》えられたおこづかいのこと。夏巡業《なつじゅんぎょう》のときに生《う》まれたことばのよう。

太郎《たろう》

給料《きゅうりょう》のこと。かつては、おもに呼《よび》出《だ》し、床山《とこやま》の日給《にっきゅう》をいったそう。野《の》天興行《てんこうぎょう》（P126参照《さんしょう》）が雨《あめ》で途《と》中《ちゅう》で中止《ちゅうし》になったときは、日給《にっきゅう》が減《げん》額《がく》されたのでこれを「半太郎《はんたろう》」とも。

おこめ

お金《かね》そのもののこと。類義語《るいぎご》として「こめびつ」がある。意味《いみ》は、部屋《へや》のかせぎ頭《がしら》、期待《きたい》の新人《しんじん》のこと。

ちゃんすけ

巡業《じゅんぎょう》で宿泊《しゅくはく》する旅館《りょかん》などで出《だ》すチップのこと。かつては相撲協会《すもうきょうかい》が用意《ようい》したもののよう。

どじょうをほる

お金《かね》をもらうこと。かつての巡《じゅん》業《ぎょう》では、土俵《どひょう》に投《な》げ込《こ》まれたご祝儀《しゅうぎ》（お祝《いわ》いのお金《かね》やプレゼント）を、ざるですくっていた様子《ようす》から。

切《き》りもの

巡業先《じゅんぎょうさき》の買《か》い物《もの》で、立《た》て替《か》えて支払《しはら》った者《もの》に、清算《せいさん》して渡《わた》すお金《かね》のこと。巡業《じゅんぎょう》での初《しょ》っ切《き》りや相撲甚句《すもうじんく》の出演《しゅつえん》料《りょう》を指《さ》すこともある。

はな

ご祝儀《しゅうぎ》のこと。江戸《えど》〜明治時代《めいじじだい》は、ひいきの力士《りきし》が勝《か》つと土俵《どひょう》に羽織《はおり》や帽子《ぼうし》を投《な》げ、返《かえ》してもらうときにご祝儀《しゅうぎ》をあげる習慣《しゅうかん》があり、それを「投《な》げ花《はな》」といった。明治時《めいじじ》代《だい》、投《な》げ花《はな》は禁止《きんし》された。昭和《しょうわ》に入《はい》り懸《けん》賞金制度《しょうきんせいど》が導入《どうにゅう》されたが、それまでは商品《しょうひん》が贈《おく》られていたことも。

隠しお金《かね》にまつわることば ❷ ［お金《かね》がない・借金《しゃっきん》］

かます

質《しち》に入《い》れること。質《しち》とは、質屋《しちや》に価《か》値《ち》のある品物《しなもの》を預《あず》けて代《か》わりにお金《かね》を借《か》りることで、期限《きげん》までにお金《かね》を返《かえ》さなければ、品《しな》物《もの》は取《と》り戻《もど》せない。質屋《しちや》のことを「かます屋《や》」とも。

しょっぱい

なさけない、弱々《よわよわ》しい、貧乏《びんぼう》くさいこと。お金《かね》のことだけではなく、力士《りきし》や取《と》り口《くち》について使《つか》うことも。

端紙《はがみ》

借金《しゃっきん》の証明書《しょうめいしょ》のことから転《てん》じて借金《しゃっきん》すること。おもに、依頼《いらい》はおかみさんに。借金《しゃっきん》することを「端紙《はがみ》を入《い》れる」とも。

今日《きょう》のちゃんこはしょっぱいな……
いやそうじゃなくて……

砂《すな》久《きゅう》

待遇《たいぐう》が悪《わる》いこと。実《じつ》在《ざい》した宿屋《やどや》の名前《なまえ》にちなんでおり、そこでは宿泊《しゅくはく》した相撲《すもう》関係《かんけい》者《しゃ》をいい加減《かげん》に扱《あつか》っていたということから。

お手上《てあ》がり

おこづかいがないこと。お金《かね》の持《も》ちあわせがないこと。

性《しょう》がいい

気前《きまえ》がいい人《ひと》のこと。「合《あ》い口《くち》がいい」(P10参照《さんしょう》)とも。逆《ぎゃく》に気前《まえ》が悪《わる》い人《ひと》は「性《しょう》が悪《わる》い」。

おてこ

お手上《てあ》がりと同《おな》じ意味《いみ》。

お天《てん》気《き》

よく晴《は》れてカラカラにかわくことから、懐《ふところ》(財布《さいふ》)もカラカラになるという意味《いみ》。お手上《てあ》がりと同《おな》じ。

ごはんにまつわる隠しことば

❶［食《た》べ物《もの》］

ちゃんこ

鍋《なべ》だけではなく、相撲部屋《すもうべや》で食《た》べるごはん全般《ぜんぱん》のこと。相撲部屋《すもうべや》は家族同然《かぞくどうぜん》なので、「ちゃん」＝「父《ちち》」と「こ」＝「子《こ》」が食《た》べるもの、という説《せつ》が有《ゆう》力視《りょくし》されているが、ほかにも諸説《しょせつ》あり。ちゃんこ作《づく》りを仕切《しき》る力士《りきし》は「ちゃんこ番《ばん》」。

おーい 馬力《ばりき》もってきてー
はーい

馬力《ばりき》

飲《の》むと元気《げんき》が出《で》ることから、お酒《さけ》のこと。お酒《さけ》を飲《の》むことを「馬力《ばりき》をかける」、お酒《さけ》が強《つよ》い人《ひと》のことを「馬力《ばりき》が強《つよ》い」という。

胸《むね》を出《だ》す

おごること。「このあいだのお礼《れい》に今日《きょう》は胸《むね》を出《だ》すよ」などという。

押《お》す・おっつける

おごらせることを相撲《すもう》の技《わざ》の名前《なまえ》にたとえて。

えびすこ

大食《おおぐ》い、またはおなかいっぱい食《た》べること。七福神《しちふくじん》の恵比寿天《えびすてん》をまつる行事《ぎょうじ》に「恵比寿講《えびすこう》」というものがあり、たくさん食《た》べるならわしだったことに由来《ゆらい》。「えびすこが強《つよ》い」「えびすこを決《き》める」という使《つか》い方《かた》も。

よーし食うぞー
いざかや
今日《きょう》の飲《の》み会《かい》えびすこ強《つよ》い人《ひと》がいるからお会計《かいけい》はあいつにおっつけちゃおう
うんうん

勝負《しょうぶ》にまつわる隠しことば

害《がい》にする

こてんぱんにやっつけること。立《た》ち直《なお》れないぐらいひどいことをいわれたら「害《がい》なことをいわれた」という。

ぬけぬけ

勝《か》ち負《ま》けを交互《こうご》にくりかえすこと。反対語《はんたいご》は「連相撲《つらずもう》」で、意味《いみ》は勝《か》ち、または負《ま》けが続《つづ》くこと。東西《とうざい》どちらかの力士《りきし》だけが勝《か》ち続《つづ》けるときにも使《つか》う。

電車道《でんしゃみち》

立《た》ち合《あ》いから一直線《いっちょくせん》に相手《あいて》を押《お》したり寄《よ》ったりして、一気《いっき》に土俵《どひょう》の外《そと》に出《だ》すこと。その様子《ようす》を電車《でんしゃ》のレールにたとえて。略《りゃく》して「しゃみち」とも。

注文相撲《ちゅうもんずもう》

立《た》ち合《あ》いにまっすぐあたらず、左右《さゆう》に変《か》わるなどして、自分《じぶん》に有利《ゆうり》な体勢《たいせい》にもっていく相撲《すもう》のこと。「注文《ちゅうもん》をつける」ともいう。いい意味《いみ》で用《もち》いられることは少《すく》ない。

稽《けい》古《こ》にまつわる隠しことば

まったく
アイツは
かまぼこ
だな

痛《いた》い痛《いた》いを決《き》める

仮病《けびょう》で稽古《けいこ》をさぼること。「〜を決《き》める」といういいまわしは相撲界《すもうかい》に多《おお》い。ほかに「えびすこを決《き》める」（P87参照《さんしょう》）「どっこい決《き》める」（P102参照《さんしょう》）など。

ペタッ
かまぼこか……
食《く》いたくなってきたな……

かまぼこ

稽古《けいこ》をさぼっている力士《りきし》のこと。土俵《どひょう》に上《あ》がらず、羽目板《はめいた》（稽古場《けいこば》の壁《かべ》）にはりついている様子《ようす》が、板《いた》にくっついたかまぼこに似《に》ていることから。

泥着《どろぎ》

稽古場《けいこば》で羽織《はお》る浴《ゆ》衣《かた》のこと。体《からだ》に泥《どろ》がついたまま着《き》るので泥着《どろぎ》。着古《きふる》した浴衣《ゆかた》を使用《しよう》。

いい胸《むね》してる

ぶつかり稽古《げいこ》（P73参照《さんしょう》）などで、胸《むね》の出《だ》し方《かた》がうまいこと。

隠し

うそにまつわることば

あまの

ちょっと人《ひと》をだますこと。冗談《じょうだん》。明治時代《めいじじだい》、天野《あまの》という名前《なまえ》の相撲《すもう》好《ず》きが力士《りきし》をよく笑《わら》わせていたことから。

オレは昔《むかし》
3メートルの
熊《くま》と相撲《すもう》を取《と》った
ことがあるんだぜ

いいとこ売《う》る

知《し》ったかぶりをすること。話《はなし》を盛《も》ること。

ちょう場《ば》

お世辞《せじ》をいうこと。語源《ごげん》はよくわからない。

上総道《かずさみち》

規模《きぼ》を小《ちい》さくごまかすこと。「上総《かずさ》のそこ一里《いちり》」といって、千葉《ちば》方面《ほうめん》で道《みち》を聞《き》くと「すぐそこ」といわれて歩《ある》くと実際《じっさい》には一《いち》里《り》（約《やく》4キロ）もある、ということから。

仙台道《せんだいみち》

上総道《かずさみち》の逆《ぎゃく》のごまかし方《かた》。「そこは遠《とお》いよ」といわれたところが、実際《じっさい》には近《ちか》いことから。

さしや

お金《かね》がないのに、大《たい》金《きん》を使《つか》ったという見《み》栄《え》を張《は》ること。

いきものにまつわる隠しことば

シカを決《き》めちゃおー
I don't know.

シカを決《き》める・シカをかます

しらばっくれたり、知《し》らないふりをすること。「シカト」からきたことば。「シカト」は花札《はなふだ》で、10月《がつ》（紅葉《もみじ》）の10点札《てんふだ》の鹿《しか》が横《よこ》を向《む》いた図柄《ずがら》が由来《ゆらい》。

イカを決《き》められたー

イカを決《き》める

勝《か》ってそのまま逃《に》げること。勝《か》ち逃《に》げ。イカがスミをはいて姿《すがた》をくらますことから。

タコになってんなー

タコになる

天狗《てんぐ》になること。思《おも》い上《あ》がっていると、「タコになるなよ」と親《おや》方《かた》から注意《ちゅうい》されることも。

隠し 病《びょう》気《き》やけがにまつわることば

メリケンが入《はい》る

稽古《けいこ》で俵《たわら》に太《ふと》ももを強《つよ》く打《う》ちつけるなどして痛《いた》めること。

やまいく

病気《びょうき》になること。けがをすること。「やまいって寝《ね》ています」（具合《ぐあい》が悪《わる》いので寝《ね》ています）などと使《つか》う。「やまいる」とも。

隠し おこるにまつわることば

かたくなる

機嫌《きげん》が悪《わる》いこと。おこること。おこっている相手《あいて》に向《む》けて「おい、そんなにかたくなるなよ」と使《つか》う。

頭突《ずつ》きをかます

厳《きび》しくしかりつけること。

アイツ
オレのプリン
食《た》べやがって
コン
コン
そんなに
かたくなる
なよ〜

コラム

実在《じつざい》の人物《じんぶつ》にまつわる隠《かく》しことば

常陸潟《ひたちがた》

うそつきで見栄《みえ》っ張《ば》り、目《め》立《だ》ちたがりの人《ひと》。虚勢《きょせい》をはって、威張《いば》っている人《ひと》。「ひたち」ともいう。明治時代《めいじじだい》に実在《じつざい》した三段目《さんだんめ》（P43参照《さんしょう》）力士《りきし》、常陸潟《ひたちがた》がうそつきで見栄《みえ》っ張《ば》りだったことから。「ひたちがたを決《き》める」「ひたち決《き》める」とも。

日下山《くさかやま》

お金《かね》の持《も》ち合《あ》わせがないこと。日下山《くさかやま》は明治時代《めいじじだい》の十両力士《じゅうりょうりきし》。長身《ちょうしん》で、寝《ね》るときにふとんから足《あし》が出《で》ていたことから、「アシ（お金《かね》）が出《で》る」→「お金《かね》が足《た》りない」という意味《いみ》に。

トリゴマ

借《か》りるのが上手《じょうず》な人《ひと》。大正《たいしょう》時代《じだい》の力士《りきし》、鳥駒粂吉《とりごまくめきち》に由《ゆ》来《らい》。非常《ひじょう》に物《もの》を借《か》りるのがうまかったそう。最高位《さいこうい》は三段目《さんだんめ》。引退後《いんたいご》、呼出《よびだ》しに転向《てんこう》。粂吉《くめきち》として、昭和中《しょうわちゅう》期《き》まで活躍《かつやく》。

藤介《とうすけ》

ケチな人《ひと》のこと。明治時代《めいじじだい》の三段目力士《さんだんめりきし》、藤田川藤介《ふじたがわとうすけ》に由来《ゆらい》。藤田川《ふじたがわ》は大変《たいへん》な倹約家《けんやくか》で、財布《さいふ》を持《も》ち歩《ある》くことがなかったとも。

源武《げんぶ》

お世辞《せじ》が上手《じょうず》な人《ひと》のこと。明治《めいじ》〜昭和《しょうわ》の力士《りきし》、源武山《げんぶやま》源右衛門《げんえもん》に由来《ゆらい》。人《ひと》にとりいってご祝儀《しゅうぎ》を集《あつ》めたり、ごちそうになったりすることが得意《とくい》で、巡業先《じゅんぎょうさき》ではごひいきを自《みずか》ら開拓《かいたく》。44歳《さい》まで現役《げんえき》をつとめたそう。

ここはオレのおごりだ 好《す》きなもん頼《たの》め!!
500円《えん》以内《いない》でな!!
MENU
MENU
ひたちのくせに藤介《とうすけ》だな

お相撲《すもう》ことばクイズ

お相撲《すもう》ことばのクイズです。ABCのうち、正《ただ》しいものをえらびましょう。
全問正解《ぜんもんせいかい》した人《ひと》は横綱級《よこづなきゅう》！

問《と》い1

「虫《むし》めがね」はどんな力士《りきし》？

A 研究熱心《けんきゅうねっしん》

B 序《じょ》ノ口《くち》

C 昆虫博士《こんちゅうはかせ》

【答《こたえ》…B】相撲《すもう》の番付表《ばんづけひょう》では、上位《じょうい》の力士《りきし》ほど大《おお》きな文字《もじ》で書《か》かれており、下《した》にいくほど文字《もじ》の大《おお》きさが小《ちい》さくなる。虫《むし》めがねじゃないと見《み》られないような、小《ちい》さな文字《もじ》で書《か》かれた力士《りきし》、つまり序《じょ》ノ口《くち》（P42参照《さんしょう》）の力士《りきし》のことをいう。

問《と》い2

「北向《きたむ》き」ってどんな人《ひと》？

A 冷《つめ》たい人《ひと》

B 変《か》わり者《もの》

C すなおな人《ひと》

【答《こたえ》…B】語源《ごげん》は「北向天神《きたむきてんじん》」から。通常《つうじょう》、神社《じんじゃ》の社殿《しゃでん》は南《みなみ》を向《む》いているが、まれに北《きた》を向《む》いた天満宮《てんまんぐう》があり、それを「北向天神《きたむきてんじん》」という。そこから変《か》わっている人《ひと》のことを「北向変人《きたむきへんじん》」とよぶようになり、変人《へんじん》がとれて「北向《きたむ》き」というようになった。最近《さいきん》では、「変《か》わり者《もの》」という意味《いみ》よりも「おこられてすねている人《ひと》」として使《つか》うことが多《おお》い。

問《と》い 3

「あんこ」はどんな力士《りきし》のこと？

A 太《ふと》っている

B あんこ好《ず》き

C ほっぺたが赤《あか》い

【答《こたえ》…A】丸々《まるまる》と太《ふと》り、おなかが出《で》ている力士《りきし》のことを、あんこ型《がた》の力士《りきし》という。あんぱんや大福《だいふく》に入《はい》っている「あんこ」ではなく、魚《さかな》の「あんこう」が由来《ゆらい》だそう。少《すこ》し太《ふと》り気味《ぎみ》の力士《りきし》を「中《ちゅう》あんこ」とも。一方《いっぽう》、体《からだ》が細《ほそ》い力士《りきし》を「そっぷ」という。こちらの由来《ゆらい》は「スープ（鶏《とり》ガラを使《つか》ったそっぷだし）」から。体《からだ》の細《ほそ》さを鶏《とり》ガラに見立《みた》てている。

問《と》い4

「銀流《ぎんなが》し」ってどんな人《ひと》？

A まじめな人《ひと》

B いきがっている人《ひと》

C おこりっぽい人《ひと》

【答《こたえ》…B】水銀《すいぎん》に砥《と》の粉《こ》（砥石《といし》の粉末《ふんまつ》）をまぜたものを銅《どう》にぬって銀色《ぎんいろ》に見《み》せることを「銀流《ぎんなが》し」という。見《み》た目《め》は銀色《ぎんいろ》でかっこいいがハゲやすく、中身《なかみ》は銅《どう》とバレてしまう。そこから、外見《がいけん》はいいけれど中身《なかみ》はない、見《み》かけだおしな人《ひと》のことをいう。相撲界《すもうかい》以外《いがい》でも使《つか》われていたことば。

問《と》い5

「どっこい決《き》める」ってどんな人《ひと》？

A がんこ者《もの》

B お金持《かねも》ち

C 泣《な》き虫《むし》

【答《こたえ》…A】人《ひと》のいうことに耳《みみ》を貸《か》さず、自分《じぶん》が悪《わる》くても決《けっ》して認《みと》めないがんこ者《もの》のこと。おたがいがどっこい決《き》めているときに相手《あいて》に折《お》れてしまうことを「どっこい負《ま》け」という。

問《と》い 6

「とんぱち」とはどんな人《ひと》？

A トイレがちかい人《ひと》

B 勘《かん》の悪《わる》い人《ひと》

C 足《あし》がはやい人《ひと》

【答《こたえ》…B】「とん」はトンボ、「ぱち」はハチマキ。トンボにハチマキを巻《ま》くと前《まえ》が見《み》えなくなる様子《ようす》から、目先《めさき》の見《み》えない人《ひと》、勘《かん》の悪《わる》い人《ひと》のことをいう。非常識《ひじょうしき》な人《ひと》、型破《かたやぶ》りな人《ひと》、という意味《いみ》にも。

問《と》い 7

「あっぱ」とはだれのこと？

A 親方《おやかた》

B 兄弟子《あにでし》

C 奥《おく》さん

【答《こたえ》…C】力士《りきし》や親方《おやかた》が、自分《じぶん》の奥《おく》さんを指《さ》すときに使《つか》う。青森《あおもり》や長崎《ながさき》の「お母《かあ》さん」を指《さ》す方言《ほうげん》だという説《せつ》も。今《いま》はほとんど使《つか》われることはない。

問《と》い 8

「星《ほし》」とは何《なに》を指《さ》すことば？

A 新人《しんじん》

B 女性《じょせい》

C 恩師《おんし》

【答《こたえ》…B】勝《か》ち負《ま》けのことを「星《ほし》」というが、女性《じょせい》のことも「星《ほし》」という。さらに、平幕《ひらまく》の力士《りきし》が横綱《よこづな》に勝《か》つことや、美人《びじん》のことを「金星《きんぼし》」（P34参照《さんしょう》）という。超美人《ちょうびじん》は「大金星《だいきんぼし》」とも。

CBA

問《と》い 9

「家賃《やちん》が高《たか》い」ってどんな意味《いみ》？

大家族《だいかぞく》

実力《じつりょく》と番付《ばんづけ》が合《あ》っていないこと

羽振《はぶ》りがいいこと

【答《こたえ》…B】収入《しゅうにゅう》に対《たい》して家賃《やちん》が高《たか》く、身《み》の丈《たけ》に合《あ》っていないこと、分不相応《ぶんふそうおう》なことになぞらえて、実力以上《じつりょくいじょう》に番付《ばんづけ》が上《あ》がってしまい、苦戦《くせん》している力士《りきし》のことを「家賃《ちん》が高《たか》い」という。

問《と》い10

「すかす」ってどんなこと？

C　すかしっぺをする

B　逃《に》げ出《だ》す

A　あいさつをする

【答《こたえ》…B】在籍《ざいせき》する部屋《へや》からだまって逃《に》げ出《だ》すことをいう。相撲界《すもうかい》になじめなかったり、ホームシックになったりして逃《に》げ出《だ》すことが多《おお》い。そのまま引退《いんたい》する力士《りきし》もいれば、部屋《へや》に戻《もど》って出世《しゅっせ》する力士《りきし》もいる。

問《と》い11

「アゴをかます」ってどんなこと?

A 頼《たの》まれごとを断《ことわ》る

B 物《もの》をなくす

C 大声《おおごえ》を出《だ》す

【答《こたえ》…A】立《た》ち合《あ》いで、頭《あたま》やヒジで思《おも》い切《き》りあたり、相手《あいて》のアゴをあげることを「かます」ということに由来《ゆらい》。単《たん》に「アゴ」とだけいうことも多《おお》い。

問《と》い12

「よかた」ってどんな人《ひと》?

A 一般《いっぱん》の人《ひと》

B 過去《かこ》を振《ふ》り返《かえ》りがちな人《ひと》

C よれよれの浴衣《ゆかた》を着《き》ている人《ひと》

【答《こたえ》…A】漢字《かんじ》で書《か》くと「世方《よかた》」。世間一般《せけんいっぱん》の人《ひと》。相撲界以外《すもうかいいがい》の人《ひと》を指《さ》す。「よそのかた」が短《みじか》くなって「よかた」になったという説《せつ》も。

問《と》い 13

「石炭《せきたん》たく」ってどんなこと?

C 列車《れっしゃ》で行《い》く

B ごはんを作《つく》る

A 急《いそ》ぐ

【答《こたえ》…C】蒸気機関車《じょうききかんしゃ》はスピードを出《だ》すとき、大量《たいりょう》の石炭《せきたん》を燃《も》やしていたことから。巡業《じゅんぎょう》などで進行《しんこう》が遅《おく》れているときに「石炭《せきたん》たけ」といったりする。

問《と》い14

「メガネ」ってどんな意味《いみ》？

A 変装《へんそう》する

B のぞき見《み》る

C よく調《しら》べる

【答《こたえ》…B】メガネ力士《りきし》のことをいっているのではなく、こそっとのぞき見《み》ること。こっそり見《み》てほしいものがあるとき「おい、メガネ！」といったりする。ちなみに視力《しりょく》の悪《わる》い力士《りきし》はメガネをかけているが、土俵《どひょう》に上《あ》がるときは外《はず》さないといけない。

問《と》い15

「めする」ってどんなこと？

A 目《め》をこする

B 追《お》いかける

C 見逃《みのが》す

【答《こたえ》…C】なにかを見逃《みのが》したときに「お！ 今《いま》、めすったぞ！」などと使《つか》う。花札遊《はなふだあそ》びに由来《ゆらい》している。お金《かね》を使《つか》ってうしなうことを「する」というので、それにも関《かん》係《けい》があるかもしれないが、くわしくは不明《ふめい》。

問《と》い16

「ちゃんこの味《あじ》がしみる」ってどんな意味《いみ》？

A　ちゃんこ鍋《なべ》の湯気《ゆげ》で顔《かお》がほてる

B　ごはんをよく食《た》べこぼす

C　相撲界《すもうかい》になじむ

【答《こたえ》…C】新弟子《しんでし》が、相撲部屋《すもうべや》での暮《く》らしや稽古《けいこ》になれてきて、体《からだ》が大《おお》きくなったり、相撲界《すもうかい》でのしきたりを覚《おぼ》えたりしてなじんできたときに「ちゃんこの味《あじ》がしみてきたな」という。

問《と》い17

「バカ負《ま》けする」ってどんな意味《いみ》？

A　あきれる

B　後悔《こうかい》する

C　悪口《わるぐち》をいう

【答《こたえ》…A】バカバカしくて話《はなし》にならないことから、あきれ果《は》てることをいう。「給食《きゅうしょく》を5回《かい》もおかわりするなんてバカ負《ま》けしちゃうよ」などと使《つか》う。

18 問《と》い

「レンコン決《き》めろ」ってどんな意《い》味《み》?

A 目《め》先《さき》をきかせろ

B レンコンのきんぴらを食《た》べろ

C ねばり強《づよ》くなれ

【答《こたえ》…A】レンコンには穴《あな》があり、のぞくと向《む》こう側《がわ》が見《み》えることから、先《さき》を見通《みとお》せる縁起《えんぎ》のいい食材《しょくざい》とされる。目《め》の前《まえ》のことしか見《み》えていない行動《こうどう》をとる人《ひと》に「レンコン決《き》めろ」というときは、ぼんやりしていないで目先《めさき》をきかせろ（先《さき》を見通《みとお》せ）、という意《い》味《み》になる。

コラム

記者《きしゃ》が使《つか》うことば

番付《ばんづけ》を上《あ》がったり下《さ》がったり

大相撲《おおずもう》のニュースを取材《しゅざい》しているのは、テレビや新聞《しんぶん》など報道機関《ほうどうきかん》の記者《きしゃ》です。記者《きしゃ》から生《う》まれたお相撲《すもう》ことばを紹介《しょうかい》します。

番付《ばんづけ》の上位《じょうい》と下位《かい》を大《おお》きく行《い》き来《き》する力士《りきし》のことを「エレベーター力士《りきし》」といいます。幕内下位《まくうちかい》で大勝《おおが》ちし、翌場所《よくばしょ》で番付《ばんづけ》を大《おお》きく上《あ》げ、横綱《よこづな》や大関《おおぜき》、三役《さんやく》などの上位陣《じょういじん》と対戦《たいせん》すると、こんどは大負《おおま》けしてしまい、幕内下位《まくうちかい》に逆戻《ぎゃくもど》り。このように番付《ばんづけ》を、上《あ》がったり下《さ》がったりをくりかえす様子《ようす》をエレベーターにたとえたんですね。「家賃《やちん》が高《たか》い」（P105参照《さんしょう》）も、もとは記者《きしゃ》が使《つか》っていたことばだったものが、相撲界全体《すもうかいぜんたい》に広《ひろ》まりました。

記者《きしゃ》はドブに座《すわ》っている!?

記者《きしゃ》は本場所《ほんばしょ》で、どこで取組《とりくみ》を見《み》ているのでしょうか。それは「ドブ」とよばれる場所《ばしょ》。土俵《どひょう》からすぐの客席《きゃくせき》である溜《たま》り席《せき》とそのうしろのマス席《せき》（P127参照《さんしょう》）の間《あいだ》に記者専用《きしゃせんよう》の席《せき》があるのです。国技館《こくぎかん》の場合《ばあい》ここは掘《ほ》りごたつのように溝《みぞ》になっており、その様子《ようす》を「ドブ」（雨水《あまみず》や汚水《おすい》が流《なが》れる側溝《そっこう》）にたとえて、こうよばれています。記者席《きしゃせき》にはテーブルが置《お》かれていて、メモがしやすいようになっています。

第《だい》3章《しょう》

行司《ぎょうじ》・呼出《よびだ》し・床山《とこやま》のことば

大相撲《おおずもう》にはなくてはならない行司《ぎょうじ》・呼出《よびだ》し・床山《とこやま》という仕事《しごと》。それぞれの仕事《しごと》ならではの専門用語《せんもんようご》がいっぱい。仕事《しごと》で使《つか》う道具《どうぐ》にも伝統的《でんとうてき》なことばが残《のこ》っています。本章《ほんしょう》では、行司《ぎょうじ》・呼出《よびだ》し・床山《とこやま》の仲間《なかま》内《うち》だけで使《つか》うことばも交《まじ》えて、それぞれのことばを紹介《しょうかい》します。

行司《ぎょうじ》のことば

土俵《どひょう》と相撲字《すもうじ》にかんすることば

行司《ぎょうじ》の一番《いちばん》の仕事《しごと》は、取組《とりくみ》の勝負判定《しょうぶはんてい》。きらびやかな装束《しょうぞく》で、軍配《ぐんばい》を手《て》に勝負《しょうぶ》を判定《はんてい》します。そんな土俵《どひょう》上《じょう》で発《はっ》せられることばは大相撲《おおずもう》ならではです。

また、太《ふと》くてすきまがない相撲字《すもうじ》を書《か》くのも行司《ぎょうじ》の仕事《しごと》。番付《ばんづけ》など相撲字《すもうじ》で書《か》かれたもの、相撲字《すもうじ》を書《か》く場所《ばしょ》などにも独特《どくとく》なことばがあります。

烏帽子《えぼし》

行司《ぎょうじ》がかぶっている帽子《ぼうし》。漆《うるし》で黒《くろ》くぬってあり、江戸時代《えどじだい》までは男性《だんせい》のかぶりものとして使《つか》われていました。行司《ぎょうじ》がかぶるようになったのは、明治《めいじ》43年《ねん》に直垂《ひたたれ》を着《き》るようになってから。

直垂《ひたたれ》

鎌倉《かまくら》〜江戸時代《えどじだい》に武士《ぶし》や公家《くげ》が着用《ちゃくよう》した着物《きもの》。江戸時代《えどじだい》までは行司《ぎょうじ》は侍《さむらい》と同《おな》じ裃《かみしも》に袴《はかま》でしたが、明治《めいじ》43年《ねん》に、洋髪《ようはつ》には似合《にあ》わないということから直垂《ひたたれ》を着《き》るようになりました。

軍配《ぐんばい》

戦国武将《せんごくぶしょう》が戦《たたか》いの指揮《しき》をとるために持《も》ったもので、江戸《えど》のころから行司《ぎょうじ》が使《つか》うように。「軍配団扇《ぐんばいうちわ》」ともいい、師匠《ししょう》などから受《う》け継《つ》いだものは、「譲《ゆず》り団扇《うちわ》」といいます。

土俵《どひょう》まわりのことば

行司溜《ぎょうじだま》り

土俵《どひょう》に一番近《いちばんちか》い席《せき》を「溜《たま》り席《せき》（俗《ぞく》に「砂《すな》かぶり」）」といいますが、向正面《むこうじょうめん》の真《ま》ん中《なか》で、次《つぎ》に土《ど》俵《ひょう》に上《あ》がる行司《ぎょうじ》が控《ひか》えているところを、行司溜《ぎょうじだま》りといいます。

裁《さば》く

相撲《すもう》の審判役《しんぱんやく》である行司《ぎょうじ》は、勝《か》ったほうに軍配《ぐんばい》をあげることで勝負結果《しょうぶけっか》を告《つ》げます。これを「勝負《しょうぶ》（取組《とりくみ》）を裁《さば》く」といいます。ほかのスポーツでは、審判《しんぱん》が勝負《しょうぶ》を判定《はんてい》するといいますが、相撲《すもう》では独特《どくとく》の表現《ひょうげん》をします。

はっきよい　勝負《しょうぶ》あり　のこった

土俵上《どひょうじょう》で行司《ぎょうじ》が発《はっ》することばはいくつかありますが、代表的《だいひょうてき》なのが、この3つ。両力士《りょうりきし》に動《うご》きのあるときには「のこった」、動《うご》きが止《と》まると「はっきよい」（発気揚々《はっきようよう》からきている）と声《こえ》をかけて取組《とりくみ》をすすめ、勝負《しょうぶ》がつくと「勝負《しょうぶ》あり」といって、勝《か》ったほうに軍配《ぐんばい》をあげます。

拡声器《かくせいき》

力士《りきし》の四股名《しこな》や決《き》まり手《て》を場内《じょうない》でアナウンスしているのは行司《ぎょうじ》です。昭和《しょうわ》のころは放《ほう》送係《そうがかり》のことを拡声器《かくせいき》やマイクとよぶこともあったそう。

行司《ぎょうじ》のことば

番付《ばんづけ》・相撲字《すもうじ》のことば

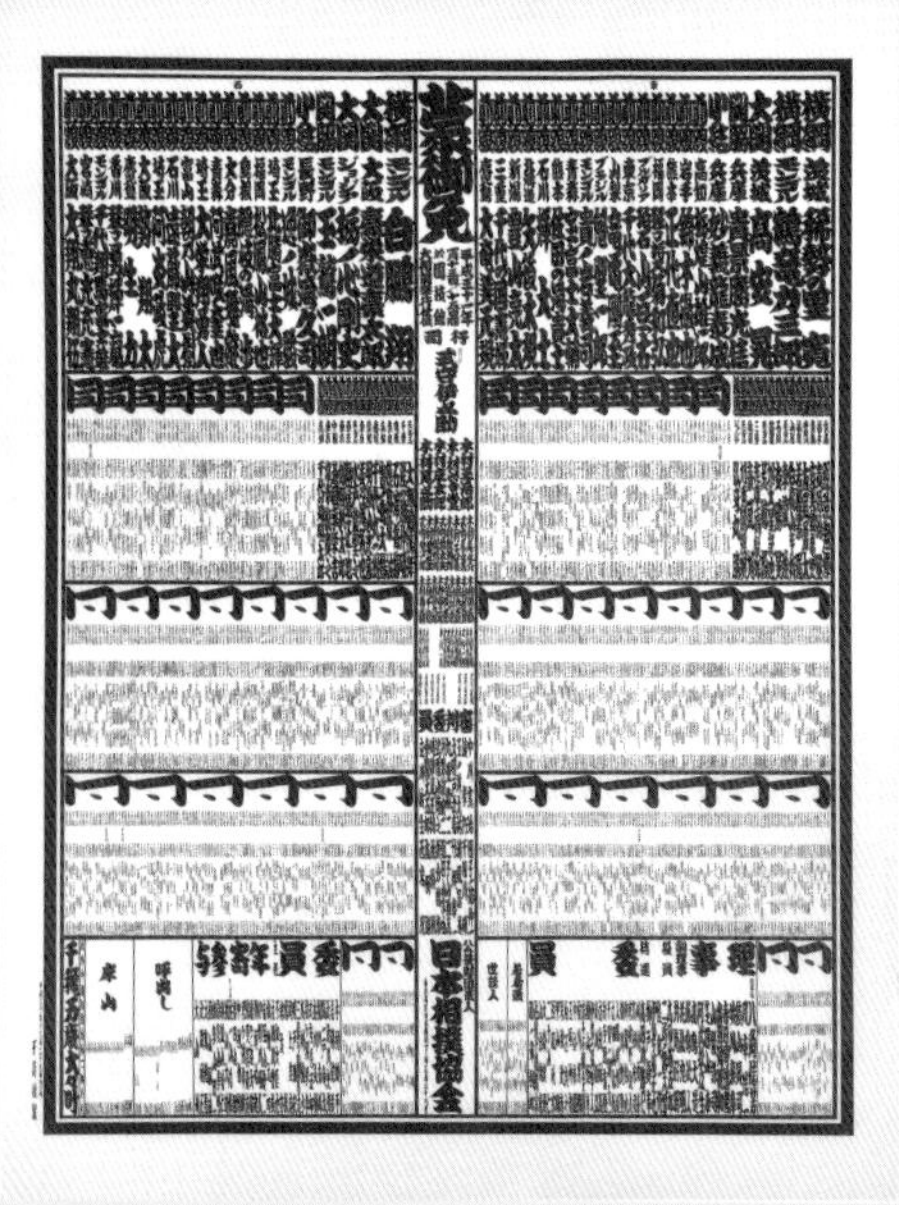
蒙御免

日本相撲協会

番付《ばんづけ》

場所《ばしょ》ごとに発表《はっぴょう》される力士《りきし》のランキング一覧《いちらん》。番付《ばんづけ》が上《うえ》の力士《りき》ほど字《じ》が大《おお》きく上《うえ》に書《か》かれています。1枚《まい》の板《いた》に書《か》かれ、本場所《ほんばしょ》や巡業《じゅんぎょう》の会場《かいじょう》入《い》り口近《ぐちちか》くに設置《せっち》されるものは「板番付《いたばんづけ》」といいます。

元書《もとが》き

番付《ばんづけ》は、タテ110センチ×ヨコ80センチの紙《かみ》に行司《ぎょうじ》が書《か》いたものを、タテ58センチ×ヨコ44センチに縮小印刷《しゅくしょういんさつ》しています。元《もと》の大《おお》きな紙《かみ》に書《か》いたものを「元書《もとが》き」といいます。

根岸流《ねぎしりゅう》

相撲字《すもうじ》の別名《べつめい》。江戸時代《えどじだい》に番《ばん》付《づけ》や勝負付《しょうぶづけ》（その日《ひ》の勝負結果《しょうぶけっか》を書《か》いて販売《はんばい》したもの）を発行《はっこう》していた三河屋《みかわや》に由来《ゆらい》。三河《みかわ》屋《や》の当主《とうしゅ》である根岸治右衛門《ねぎしじえもん》からきています。

寺子屋《てらこや》する

おもに、巻《まき》（P117参照《さんしょう》）に勝負結果《しょうぶけっか》をつけるとき、まちがったところに白《しろ》い紙《かみ》を貼《は》って修正《しゅうせい》することがあります。それを割場《わりば》の行司《ぎょうじ》の間《あいだ》で俗《ぞく》に「寺子屋《てらこや》する」といいます。

割場《わりば》

本場所《ほんばしょ》の会場《かいじょう》には行司《ぎょうじ》の控室《ひかえしつ》である行司部屋《ぎょうじべや》があり、さらに「割場《わりば》」とよばれるスペースがあります。「割《わり》」とは取組《とりくみ》のことで、この「割《わり》」にまつわるさまざまな書《か》き物《もの》をする部屋《へや》を「割場《わりば》」といいます。

巻《まき》

番付順《ばんづけじゅん》に力士《りきし》の名前《なまえ》が書《か》かれた巻物状《まきものじょう》のもの。場所《ばしょ》ごとに作《つく》られ、その場所《ばしょ》の勝負結果《しょうぶけっか》が記録《きろく》されます。一番最初《いちばんさいしょ》には「鏡《かがみ》」と書《か》かれるのですが、これは力士《りきし》を表《あらわ》すという意味《いみ》。

ねずみばん

細長《ほそなが》く切《き》ったわら半紙《ばんし》をつなげて巻物状《まきものじょう》にした、行司《ぎょうじ》のメモ用紙《ようし》。取組《とりくみ》を決《き》める取組編成会議《とりくみへんせいかいぎ》に行司《ぎょうじ》は書記《しょき》として加《くわ》わりますが、そのときにねずみばんに決《き》まった取組《とりくみ》をメモし、割場《わりば》に持《も》ち帰《かえ》ります。

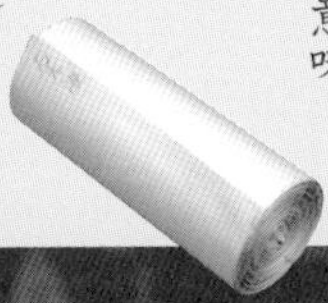

顔触《かおぶ》れ

対戦《たいせん》する両力士《りょうりきし》の四股名《しこな》を1枚《まい》の紙《かみ》に書《か》いたもの。中入《なかい》り（十両《じゅうりょう》と幕内《まくうち》の取組《とりくみ》の間《あいだ》）に行《おこな》われる「顔触《かおぶ》れ言上《ごんじょう》」（翌日《よくじつ》の取《とり》組《くみ》を立行司《たてぎょうじ》が紹介《しょうかい》する）は、この紙《かみ》を見《み》せながら読《よ》み上《あ》げられ、当日《とうじつ》は太鼓《たいこ》の櫓《やぐら》（国技館《こくぎかん》の場合《ばあい》）に貼《は》り出《だ》されます。

西《にし》ノ内《うち》

顔触《かおぶ》れや巻《まき》を書《か》く紙《かみ》の名前《なまえ》。現在《げんざい》の茨城県常陸大宮市《いばらきけんひたちおおみやし》で作《つく》られる和紙《わし》で、しっかりとして丈夫《じょうぶ》なのが特徴《とくちょう》です。「西《にし》ノ内《うち》」という名前《なまえ》は、水戸藩《みとはん》二代《にだい》藩主《はんしゅ》で黄門様《こうもんさま》としても有名《ゆうめい》な徳川光圀《とくがわみつくに》が命名《めいめい》したといわれています。

呼《よび》出《だ》しのことば

呼《よび》出《だ》し三《さん》大《だい》仕《し》事《ごと》にまつわることば

力《りき》士《し》の四《し》股《こ》名《な》を呼《よ》び上《あ》げるのが第《だい》一《いち》の役《やく》目《め》ですが、そのほか土《ど》俵《ひょう》作《づく》り、太《たい》鼓《こ》と合《あ》わせて3つが呼《よび》出《だ》しの三《さん》大《だい》仕《し》事《ごと》。それぞれの仕《し》事《ごと》に呼《よび》出《だ》し独《どく》特《とく》のことばがあります。

とくに土《ど》俵《ひょう》を作《つく》ることを「土《ど》俵《ひょう》築《つき》」といい、使《し》用《よう》する道《どう》具《ぐ》も、今《いま》ではあまり見《み》ない物《もの》が多《おお》く、昔《むかし》ながらの名《めい》称《しょう》が残《のこ》っています。

呼《よ》び上《あ》げ

土《ど》俵《ひょう》上《じょう》で白《しろ》い扇《せん》子《す》を持《も》ち、力《りき》士《し》の四《し》股《こ》名《な》を呼《よ》び上《あ》げること。奇《き》数《すう》日《び》（初《しょ》日《にち》、3日《か》目《め》など）は東《ひがし》方《かた》から、偶《ぐう》数《すう》日《び》（2日《か》目《め》、4日《か》目《め》など）は西《にし》方《かた》から。通《つう》常《じょう》は四《し》股《こ》名《な》を1回《かい》呼《よ》ぶ「一《ひと》声《こえ》」ですが、十《じゅう》両《りょう》最《さい》後《ご》と三《さん》役《やく》以《い》上《じょう》の力《りき》士《し》の取《とり》組《くみ》などは2回《かい》呼《よ》ぶ「二《ふた》声《こえ》」です。

裁《たっ》着《つけ》袴《ばかま》

江《え》戸《ど》時《じ》代《だい》から変《か》わらぬ呼《よび》出《だ》しの装《しょう》束《ぞく》は、裁《たっ》着《つけ》袴《ばかま》。ふくらはぎをスリムに着《き》こなすのがポイントです。呼《よび》出《だ》しの間《あいだ》では袴《はかま》を省《しょう》略《りゃく》して「裁《たっ》着《つけ》」とよんでいるそうです。

柝《き》を入《い》れる

相《す》撲《もう》界《かい》では拍《ひょう》子《し》木《ぎ》ではなく「柝《き》」といい、打《う》ってではなく「入《い》れる」といいます。観《かん》客《きゃく》の前《まえ》では、土《ど》俵《ひょう》入《い》り、幕《まく》内《うち》の始《はじ》まり、弓《ゆみ》取《と》り式《しき》後《ご》（あがり柝《ぎ》〈跳《は》ね柝《ぎ》〉）などに入《い》れ、力《りき》士《し》の支《し》度《たく》部《べ》屋《や》でも、取《とり》組《くみ》開《かい》始《し》30分《ぷん》前《まえ》の「一《いち》番《ばん》柝《ぎ》」、15分《ふん》前《まえ》の「二《に》番《ばん》柝《ぎ》」などで、時《じ》間《かん》を知《し》らせています。

土俵《どひょう》まわりのことば

土俵築《どひょうつき》

土俵《どひょう》を作《つく》ること。本場所《ほんばしょ》の土俵《どひょう》は呼出《よびだ》し全員《ぜんいん》で場所《ばしょ》ごとに新《あたら》しく作《つく》り、相撲部屋《すもうべや》の稽古《けいこ》土俵《どひょう》も毎場所《まいばしょ》、巡業《じゅんぎょう》の土俵《どひょう》は毎回《まいかい》、呼出《よびだ》しが中心《ちゅうしん》になって作《つく》っています。機械《きかい》は一切《いっさい》使《つか》わず、すべて手作業《てさぎょう》で昔《むかし》ながらの製法《せいほう》を守《まも》っています。

土俵築《どひょうつき》のおもな道具《どうぐ》

土俵築《どひょうつき》で使《つか》うのは、昔《むかし》ながらの土木工事《どぼくこうじ》の道具《どうぐ》です。

[タコ] 丸太《まるた》に柄《え》が2~4本《ほん》ついた、地面《じめん》を固《かた》める道具《どうぐ》。数人《すうにん》で持《も》ち上《あ》げては落《お》として固《かた》めます。

[タタキ] 地面《じめん》にたたきつけて、平《たい》らにする道具《どうぐ》。大《おお》きなタタキは土俵《どひょう》の上面《じょうめん》に、小《ち》さなタタキは土俵《どひょう》の側面《そくめん》に使《つか》います。

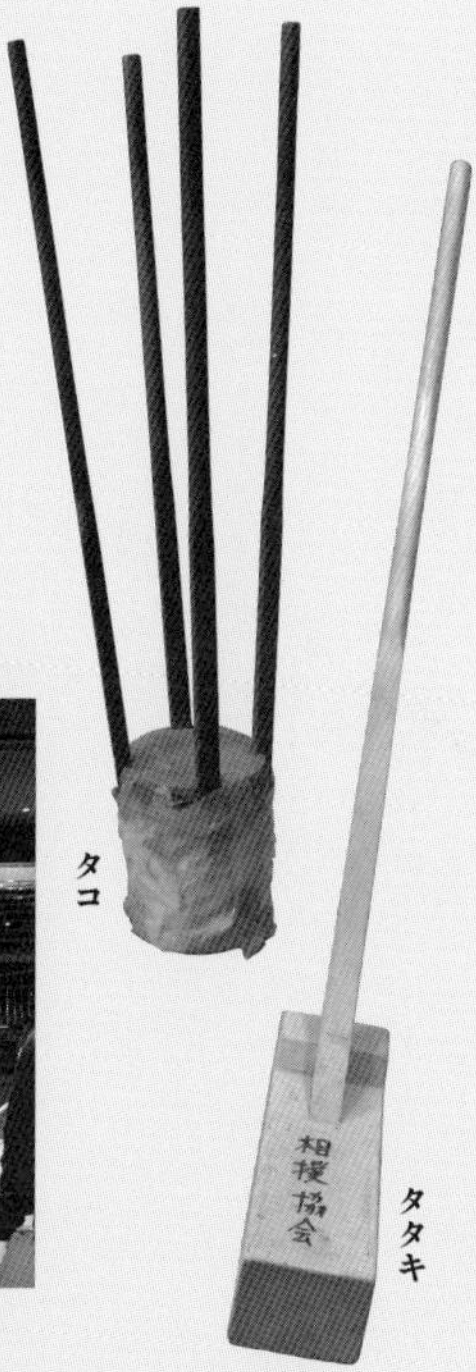

麦《むぎ》ふみ

丈夫《じょうぶ》な土俵《どひょう》を作《つく》るために、しっかりと人《ひと》の足《あし》でも踏《ふ》み固《かた》めます。数人《すうにん》で一列《いちれつ》になって固《かた》めるさまが麦《むぎ》をふむ様子《ようす》に似《に》ていることから、この作業《さぎょう》を「麦《むぎ》ふみ」とよぶそうです。

船《ふね》

土俵《どひょう》を囲《かこ》う俵《たわら》も呼出《よびだ》しの手作《てづく》りです。シート状《じょう》のわらを船形《ふながた》にして砂利《じゃり》を混《ま》ぜた土《つち》を入《い》れます。これを呼出《よびだ》しの間《あいだ》では「船《ふね》」とよび、わらでふたをして縄《なわ》でしばり、俵《たわら》の形《かたち》に整《ととの》えます。

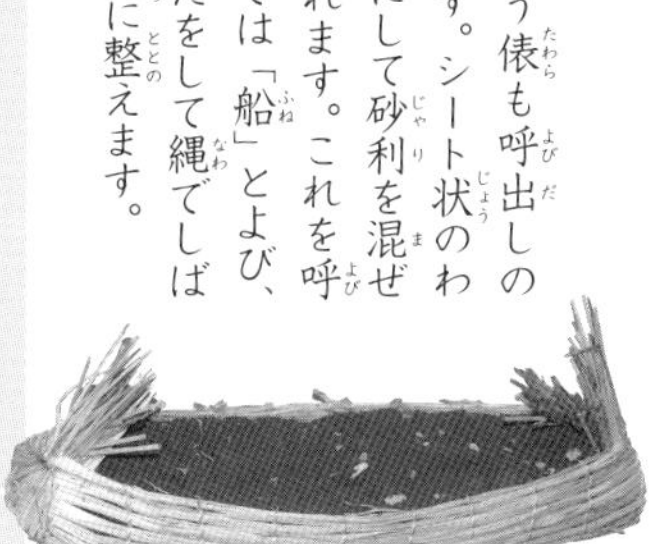

俵《たわら》を埋《い》ける

五寸釘《ごすんくぎ》とひもをコンパスのように使《つか》って円《えん》を描《か》いたら、まわりを掘《ほ》って俵《たわら》を入《い》れます。これを「埋《う》める」ではなく「埋《い》ける」といい、俵全体《たわらぜんたい》の6割《わり》を土《つち》の中《なか》に、4割《わり》を土《つち》から出《だ》します。

呼《よび》出《だ》しのことば

太鼓《たいこ》にまつわることば

相撲太鼓《すもうだいこ》

中《なか》をくりぬいて作《つく》る長銅太鼓《ながどうだいこ》の一種《いっしゅ》で、俗《ぞく》に「相撲太鼓《すもうだいこ》」とよばれています。特徴的《とくちょうてき》な高《たか》い音《おと》を出《だ》すために皮《かわ》をうすく強《つよ》くのばして張《は》っています。太鼓《たいこ》には楽譜《がくふ》がなく、口《くち》で「トントンストン」といいながら「口譜《くちふ》」で覚《おぼ》えます。

一番太鼓《いちばんだいこ》

江戸時代《えどじだい》から本場所《ほんばしょ》の始《はじ》まりを告《つ》げる太鼓《たいこ》は、より遠《とお》くまで音《おと》を響《ひび》かせるために櫓《やぐら》の上《うえ》でたたいています。そのため本《ほん》場所《ばしょ》での太鼓《たいこ》を「櫓太鼓《やぐらだいこ》」といい、現在《げんざい》も本場所中《ほんばしょちゅう》は櫓《やぐら》の上《うえ》でたたきます（名古屋《なごや》をのぞく）。朝一番《あさいちばん》に、その日《ひ》の取組開始《とりくみかいし》を告《つ》げるのが「一番太鼓《いちばんだいこ》」。

跳《は》ね太鼓《だいこ》

櫓太鼓《やぐらだいこ》の一種《いっしゅ》。その日《ひ》の取組《とりくみ》の終《お》わりを告《つ》げ、「ご来場《らいじょう》ありがとうございました。明日《あす》もおいでをお待《ま》ちしております」の意味《いみ》をこめてたたくため、千《せん》秋楽《しゅうらく》（最終日《さいしゅうび》）や一日興行《いちにちこうぎょう》ではたたきません。テンデンバラバラとお客《きゃく》さんが散《ち》っていく様《よう》子《す》を表《あらわ》しています。

櫓《やぐら》

本来《ほんらい》は釘《くぎ》を使《つか》わず、丸太《まるた》を組《く》んで作《つく》られていて、名古屋《なごや》の櫓《やぐら》（写真《しゃしん》）はその昔《むかし》ながらのもの。東京場所《とうきょうばしょ》が行《おこな》われる両国《りょうごく》国技館《こくぎかん》は鉄骨造《てっこつづく》りでエレベーターがついています。

出《だ》し幣《っぺい》

本場所開催中《ほんばしょかいさいちゅう》、櫓《やぐら》につけた2本《ほん》の竹《たけ》ざお。先《さき》には麻《あさ》の御幣《ごへい》（神様《かみさま》を祭《まつ》ったもの）がつけられています。昔《むかし》、相撲《すもう》は屋外《おくがい》で行《おこな》われていたため、晴《は》れることを祈《いの》ってつけられていたなごりです。

しゃればち

太鼓《たいこ》のリズムは同《おな》じものをくりかえしたたくため、単調《たんちょう》にならないよう、呼出《よびだ》しがアドリブで入《い》れる音《おと》のこと。

テンバラ

跳《は》ね太鼓《だいこ》で、細《こま》かく刻《きざ》んだリズムを打《う》っているときに、別《べつ》のリズムを入《い》れることをテンバラといいます。

中廻《なかまわ》り

本場所《ほんばしょ》の初日前日《しょにちぜんじつ》には、土俵《どひょう》に神様《かみさま》を迎《むか》え、本場所中《ほんばしょちゅう》の安全《あんぜん》を祈願《きがん》する「土俵祭《どひょうまつり》」が行《おこな》われますが、その最後《さいご》に立呼出《たてよびだ》しを先頭《せんとう》に2基《き》の太鼓《たいこ》が登場《とうじょう》して、太鼓《たいこ》を打《う》ちながら土俵《どひょう》を3周《しゅう》します。これを呼出《よびだ》しの間《あいだ》では「中廻《なかまわ》り」といい、この後《あと》、町《まち》に触《ふ》れに出《で》ます。

触《ふ》れ太鼓《だいこ》

江戸時代《えどじだい》、相撲《すもう》が始《はじ》まる前日《ぜんじつ》に、相撲《すもう》の開催《かいさい》を触《ふ》れて町《まち》を歩《ある》いたもので、現在《げんざい》も相撲部屋《すもうべや》や相撲《すもう》にゆかりのあるところをまわっています。「呼出《よびだ》し太鼓連《たいこれん》」ともいわれ、数人《すうにん》が一組《ひとくみ》となり、太鼓《たいこ》を打《う》ち鳴《な》らして初日《しょにち》の取組《とりくみ》を呼《よ》び上《あ》げます。

太鼓塚《たいこづか》

両国国技館《りょうごくこくぎかん》の近《ちか》くにある回向院《えこういん》は、江戸時代《えどじだい》に初《はじ》めて常設《じょうせつ》の相撲場《すもうじょう》ができた場所《ばしょ》。相撲《すもう》とゆかりの深《ふか》いこの寺《てら》の墓地《ぼち》には、呼出先祖代々之墓《よびだしせんぞだいだいのはか》、通称《つうしょう》「太鼓塚《たいこづか》」があります。

鳴《な》く

触《ふ》れ太鼓《だいこ》で、翌日《よくじつ》の取組《とりくみ》を呼《よ》び上《あ》げることを、呼出《よびだ》しの間《あいだ》で「鳴《な》く」といいます。語源《ごげん》はわかりませんが、独特《どくとく》のふしまわしで呼《よ》び上《あ》げるため、このようにいったのかもしれません。

床《とこ》山《やま》のことば

力士《りきし》のマゲを結《ゆ》う 専門《せんもん》の床屋《とこや》さん

現在《げんざい》、「床山《とこやま》」という職《しょく》業《ぎょう》は、相撲界《すもうかい》と歌舞伎《かぶき》などの演劇界《えんげきかい》に残《のこ》っていますが、演劇《えんげき》のほうはかつらを結《ゆ》う人《ひと》で、人《ひと》の髪《かみ》の毛《け》を扱《あつか》うのは相撲界《すもうかい》の床山《とこやま》のみです。床山《とこやま》にまつわることばには、伝統的《でんとうてき》な髪型《かみがた》を表《あらわ》すことばや、その髪型《かみがた》を作《つく》るための独特《どくとく》な道具《どうぐ》に、床山《とこやま》ならではのものが見《み》られます。

頭《あたま》をしばる・頭《あたま》をやる

普通《ふつう》ならマゲを結《ゆ》うといいますが、床山《とこやま》や力士《りきし》は日常《にちじょう》では「頭《あたま》をしばる」「しばる」「頭《あたま》をやる」と略《りゃく》していうことが多《おお》いようです。マゲは紙製《かみせい》のひも（元結《もとゆい》〈Ｐ１２４参照《さんしょう》〉）できつくしばるため、マゲを結《ゆ》う代名詞《だいめいし》となったのでしょう。

クセもみ

床山《とこやま》のテクニックのひとつ。髪《かみ》の毛《け》のクセをとる技《わざ》で、両手《りょうて》で毛《け》を挟《はさ》んでしごくようにもみます。これが上手《じょうず》にできるようになると、美《うつく》しい大銀杏《おおいちょう》が結《ゆ》えるようになります。

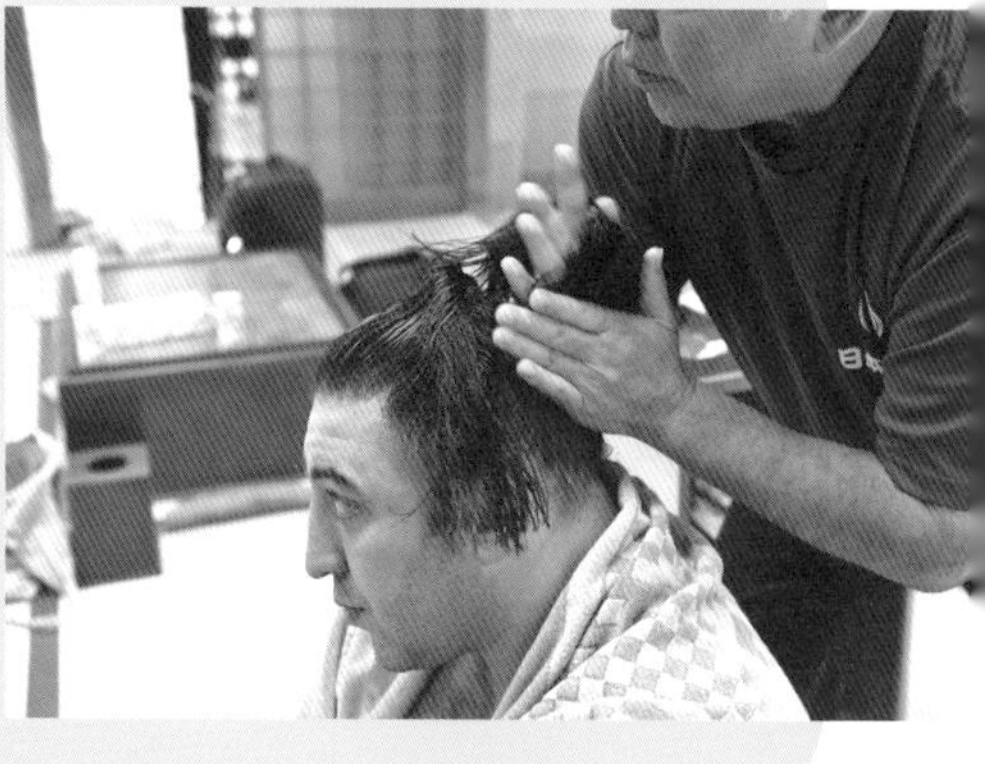

髪《かみ》型《がた》にまつわることば

びん

横《よこ》にはり出《だ》した部分《ぶぶん》。力士《りきし》の整髪料《せいはつりょう》である「びんつけ油《あぶら》」のびんはここのこと。

大銀杏《おおいちょう》

頭頂部《とうちょうぶ》にのせたマゲの毛先《けさき》を、イチョウの葉《は》のように広《ひろ》げたスタイルが優雅《ゆうが》で美《うつく》しい髪型《かみがた》。けが防止《ぼうし》のヘルメット的《てき》な役《やく》割《わり》ももっています。

根《ね》・根《ね》ぞろえ

根《ね》とはマゲをしばる位置《いち》のこと。根《ね》ぞろえはその位置《いち》の見《み》極《きわ》めのことで、床山《とこやま》のテクニックでもあります。根《ね》ぞろえをまちがうと、頭頂《とうちょう》のイチョウ部《ぶ》分《ぶん》が前《まえ》から見《み》えなかったり、前《まえ》すぎてぶかっこうだったりと、美《うつく》しく決《き》まりません。床山《とこやま》の腕《うで》の見《み》せ所《どころ》です。

中剃《なかぞ》り

床山《とこやま》のテクニックのひとつで、毛《け》の量《りょう》が多《おお》い力士《りきし》に用《もち》いられる技《わざ》。毛《け》が多《おお》すぎると美《うつく》しく大銀杏《おおいちょう》を結《ゆ》うことができないため、頭頂部《とうちょうぶ》を剃《そ》ってたぶさがきれいに安定《あんてい》するように工夫《くふう》しました。ただし、マゲをほどくとカッパのようになってしまいます。

たぼ

後頭部《こうとうぶ》のはり出《だ》した部分《ぶぶん》。

たぶさ

頭頂部《とうちょうぶ》のマゲ部分《ぶぶん》。

床《とこ》山《やま》の道具《どうぐ》にまつわることば

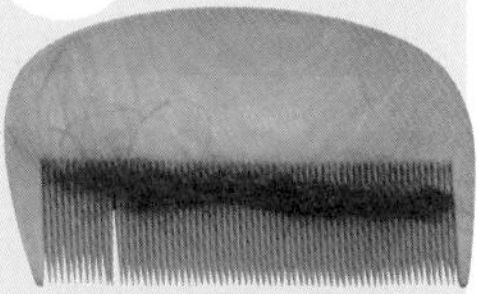

すきぐし

汚《よご》れやふけを落《お》とす歯《は》が粗《あら》いくし。根《ね》元《もと》の毛《け》は「髱《かもじ》」といって汚《よご》れを取《と》るためにつけています。

荒《あら》ぐし

びんつけ油《あぶら》をつけた後《あと》に、髪《かみ》のもつれなどをほぐすくし。一《いち》番《ばん》歯《は》が粗《あら》く、しっかりとしています。

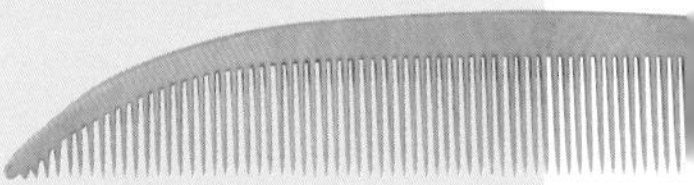

そろえぐし

歯《は》の細《こま》かさは、荒《あら》ぐしと前《まえ》かきの中間《ちゅうかん》。最後《さいご》の仕上《しあ》げや、髪《かみ》を整《ととの》えるときに使《つか》います。

前《まえ》かき

大銀杏《おおいちょう》がのる頭《あたま》の上《うえ》部分《ぶぶん》を整《ととの》えるくし。歯《は》が細《こま》かく美《うつく》しく仕上《しあ》げることができます。

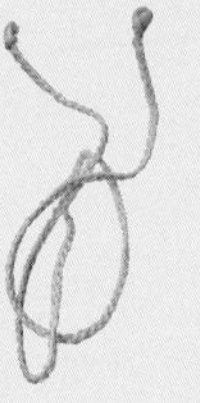

先縛《さきしば》り

元結《もとゆい》の前《まえ》に仮《かり》でしばるひも。

マゲ棒《ぼう》

びんやたぼを作《つく》ったり、イチョウ部分《ぶぶん》を作《つく》るのに使《つか》います。大銀杏《おおいちょう》を結《ゆ》うのに欠《か》かせない道具《どうぐ》。床《とこ》山《やま》が自分《じぶん》で手作《てづく》りし、ピアノ線《せん》や、バイクの車輪《しゃりん》の部品《ぶひん》などをけずって作《つく》ります。

びんつけ油《あぶら》

日本《にほん》独自《どくじ》の髪型《かみがた》（日《に》本髪《ほんがみ》）を結《ゆ》うための、モクロウ（ハゼノキの果実《かじつ》が原料《げんりょう》の油脂《ゆし》）から作《つく》られる整髪料《せいはつりょう》。正式《せいしき》には「すき油《あぶら》」。甘《あま》い香《かお》りが特徴《とくちょう》です。

元結《もとゆい》

細長《ほそなが》くした和紙《わし》をもめんの布《ぬの》で巻《ま》いてのりをつけて乾《かわ》かした紙《かみ》のひも。丈夫《じょうぶ》で、マゲをきつくしばることができます。「もっとい」ともいいます。

さくいん

あ

か

さ

ま

や

ら・わ

参考文献

『相撲大事典』（第四版／金指基著、公益財団法人日本相撲協会監修／現代書館）
『令和二年 大相撲力士名鑑』（『相撲』編集部編／ベースボール・マガジン社）
『知れば知るほど 行司・呼出し・床山』（『相撲』編集部編著／ベースボール・マガジン社）
『日本国語大辞典』（第二版／小学館／ジャパンナレッジ収録）
『デジタル大辞泉』（小学館／ジャパンナレッジ収録）
『大辞林』（第四版／三省堂）
『日本大百科全書（ニッポニカ）』（小学館／ジャパンナレッジ収録）
『改訂新版 世界大百科事典』（平凡社／ジャパンナレッジ収録）
『日本歴史地名大系』（平凡社／ジャパンナレッジ収録）
『国史大辞典』（吉川弘文館／ジャパンナレッジ収録）
『現代国語例解辞典』（第五版／小学館）
『明鏡国語辞典』（第二版／大修館書店）
『日本語新辞典』（小学館）
『三省堂国語辞典』（第七版／三省堂）
『暮らしのことば 新 語源辞典』（講談社）
『古今大相撲事典』（読売新聞『大相撲』臨時増刊）

監修者《かんしゅうしゃ》

大山《おおやま》 進《すすむ》

元幕内大飛《もとまくうちだいひ》。愛知県名古屋市出身《あいちけんなごやししゅっしん》。中学《ちゅうがく》卒業《そつぎょう》と同時《どうじ》に元大関《もとおおぜき》・松登《まつのぼり》の大山部屋《おおやまべや》に入門《にゅうもん》。昭和《しょうわ》43（1968）年春場所《ねんはるばしょ》で初土俵《はつどひょう》、昭和《しょうわ》49（1974）年名古屋場所《ねんなごやばしょ》で十両《じゅうりょう》に昇進《しょうしん》、昭和《しょうわ》52（1977）年《ねん》に新入幕《しんにゅうまく》を果《は》たす。最高位《さいこうい》は東前頭《ひがしまえがしら》2枚目《まいめ》。引退後《いんたいご》は年寄大山《としよりおおやま》を襲名《しゅうめい》し部屋《へや》を継承《けいしょう》。その後《ご》、高砂部屋《たかさごべや》、東関部屋《あずまぜきべや》の部屋付《へやつ》き親方《おやかた》となり、現在《げんざい》は八角部屋所属《はっかくべやしょぞく》。長《なが》く相撲教習所《すもうきょうしゅうじょ》の教官《きょうかん》をつとめ、相撲《すもう》への造詣《ぞうけい》が深《ふか》く、82手《て》の決《き》まり手《て》の整理《せいり》・命名《めいめい》に尽力《じんりょく》した。

神《かみ》永《なが》 曉《さとる》

辞書編集者《じしょへんしゅうしゃ》・元小学館辞書編集部編集長《もとしょうがくかんじしょへんしゅうぶへんしゅうちょう》。小学館《しょうがくかん》の関連会社《かんれんがいしゃ》である尚学図書《しょうがくとしょ》と小学館《しょうがくかん》で37年間《ねんかん》、ほぼ辞書編集一筋《じしょへんしゅうひとすじ》の編集者《へんしゅうしゃ》人生《じんせい》をおくり、『日本国語大辞典 第二版《にほんこくごだいじてんだいにはん》』、『美《うつく》しい日本語《にほんご》の辞典《じてん》』など多数《たすう》の辞書《じしょ》を担当《たんとう》。インターネット辞書《じしょ》・事典検索《じてんけんさく》サイト『ジャパンナレッジ』の人気《にんき》コラム「日本語《にほんご》、どうでしょう？」は、400回《かい》を超《こ》え現在《げんざい》も連載中《れんさいちゅう》。著書《ちょしょ》は、『悩《なや》ましい国語辞典《こくごじてん》』（時事通信社《じじつうしんしゃ》／角川《かどかわ》ソフィア文庫《ぶんこ》）、『さらに悩《なや》ましい国語辞典《こくごじてん》』（時事通信社《じじつうしんしゃ》）、『辞書編集《じしょへんしゅう》、三十七年《さんじゅうななねん》』（草思社《そうししゃ》）など。

編《へん》・著者《ちょしゃ》

おすもうさん編集部《へんしゅうぶ》（時岡千尋《ときおかちひろ》・糸井千晶《いといちあき》）

相撲《すもう》の魅力《みりょく》を伝《つた》えるウエブマガジンとして、2017年《ねん》9月《がつ》にスタート。相撲《すもう》にまつわるさまざまな人《ひと》や物《もの》を独自《どくじ》の切《き》り口《くち》で紹介《しょうかい》している。また、相撲字講座《すもうじこうざ》や多彩《たさい》なゲストを迎《むか》えてのトークイベントなども開催《かいさい》。これまで手《て》がけた書籍《しょせき》の企画《きかく》・制作《せいさく》に『裏《うら》まで楽《たの》しむ！ 大相撲《おおずもう》』（KADOKAWA）、『知《し》れば知《し》るほど 行司《ぎょうじ》・呼出《よびだ》し・床山《とこやま》』（ベースボール・マガジン社《しゃ》）などがある。

http://osumo3.com

こどもたちと楽《たの》しむ

知《し》れば知《し》るほどお相撲《すもう》ことば

2020年《ねん》5月《がつ》15日《にち》 第《だい》1版《ぱん》第《だい》1刷発行《ずりはっこう》

編著者《へんちょしゃ》 『おすもうさん』編集部《へんしゅうぶ》
発行人《はっこうにん》 池田哲雄《いけだてつお》
発行所《はっこうじょ》 株式会社《かぶしきがいしゃ》ベースボール・マガジン社《しゃ》
〒103-8482
東京都中央区日本橋浜町《とうきょうとちゅうおうくにほんばしはまちょう》2-61-9
TIE浜町《はまちょう》ビル
電話《でんわ》 03-5643-3930（販売部《はんばいぶ》）
03-5643-3885（出版部《しゅっぱんぶ》）
振替口座《ふりかえこうざ》 00180-6-46620
http://www.bbm-japan.com/

印刷《いんさつ》・製本《せいほん》 広研印刷株式会社《こうけんいんさつかぶしきがいしゃ》

ISBN978-4-583-11284-8 C0075